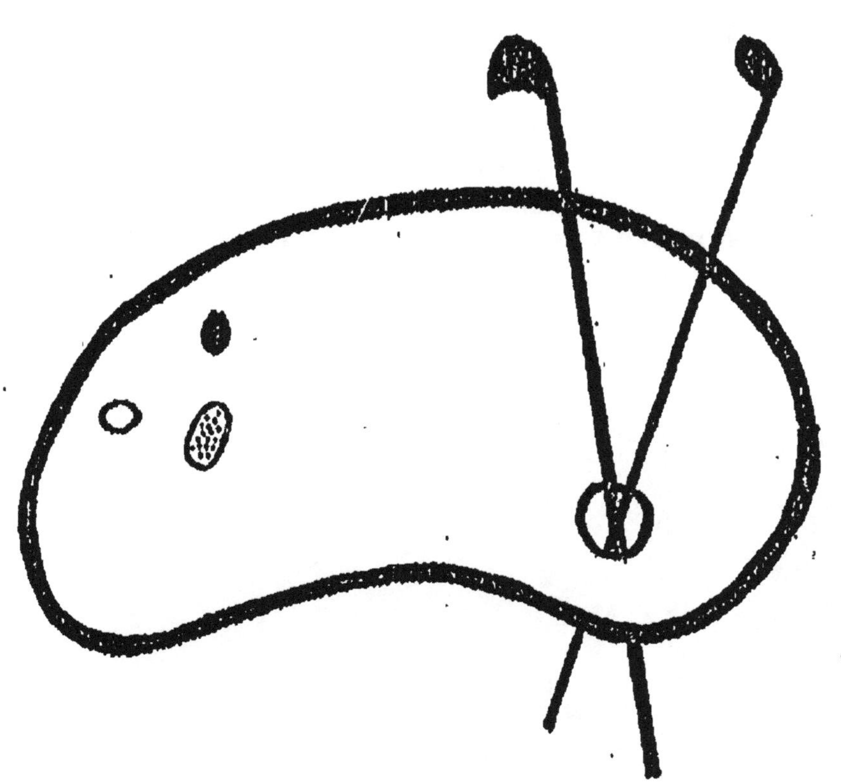

COUVERTURE SUPERIEURE ET INFERIEURE
EN COULEUR

TRAITÉ
DE LA
POLITESSE
ET DU
SAVOIR-VIVRE

Augmenté des Devoirs
DES PARRAINS ET DES MARRAINES
DES DEMOISELLES ET DES GARÇONS D'HONNEUR

PAR
JULES CLÉMENT

PARIS
BERNARDIN-BÉCHET, LIBRAIRE-ÉDITEUR
31, QUAI DES GRANDS-AUGUSTINS

EN VENTE A LA MÊME LIBRAIRIE

Compliments et lettres (Recueil de) en prose et en vers pour nouvel an, fêtes et anniversaires, etc., suivi de Fables et Poésies propres à l'instruction morale des enfants, par J. CLÉMENT. 1 vol. in-18............. 1 25

Guide en affaires (l'indispensable), ou Formulaire général des actes sous seings privés, mis à la portée de tout le monde ; suivi du secrétaire des familles et des commerçants ; contenant des modèles de Pétitions, Demandes, Réclamation, Lettre d'Affaires, de Commerce, etc., par J. CLÉMENT, ancien clerc de notaire. 1 fort vol. in-12. 3 »

Tenue des livres et droit commercial (traité de la), suivi d'un vocabulaire des termes de commerce, par A. BERTHEAU, agréé. 1 vol. in-8 cavalier....... 3 »

Nouveau Secrétaire (très-complet) ou Correspondance générale et pratique, suivi d'un formulaire d'actes usuels, par A. B., ancien professeur, membre de l'Université. 1 vol. in-18.............................. 1 25

Cuisinière bourgeoise (la parfaite), ou la Bonne Cuisine de la ville et de la campagne, par Mlle MADELEINE. 1 vol. in-12, orné de 300 figures............... 3 »

Guide du parfait Jardinier, par MM. ROUFFE et HOCQUART. 1 fort vol. in-12, orné de 120 vignettes... 3 50

Nouveau Manuel du Jardinier à l'usage des jardiniers fleuristes, maraîchers, fruitiers, amateurs, etc., par MOLERI. 1 vol. in-12, orné de gravures........... 1 50

Fables de La Fontaine, illustrées de 80 gravures sur bois, par FREEMANN et DESANDRE. 1 vol. in-18 cart., dos toile.............................. 1 25

4575-78. — CORBEIL, Imprimerie de CRÉTÉ.

TRAITÉ

DE

LA POLITESSE

ET

DU SAVOIR-VIVRE

Le Jeu. — Le Bal. — La Soirée.

TRAITÉ
DE LA
POLITESSE
ET DU
SAVOIR-VIVRE

NOUVEAU GUIDE

Pour apprendre à connaître et à pratiquer tous les usages du monde, à s'y conduire suivant les règles de la bienséance ainsi que dans les principales circonstances de la vie

TELLES QUE :

NAISSANCE, MARIAGE, ENTERREMENT

Augmenté des Devoirs
DES PARRAINS ET DES MARRAINES
DE CEUX
DES DEMOISELLES ET DES GARÇONS D'HONNEUR

PAR
JULES CLÉMENT

PARIS
BERNARDIN-BÉCHET, LIBRAIRE-ÉDITEUR
31, QUAI DES GRANDS-AUGUSTINS

TRAITÉ
DE LA POLITESSE
ET DU SAVOIR-VIVRE

PREMIÈRE PARTIE

La famille chez soi.

CHAPITRE I

RÉPUTATION.

La réputation est le renom, l'estime, l'opinion que le public a d'une personne.

Il arrive quelquefois que les honnêtes gens sont ceux dont la réputation est le plus en butte aux traits de la calomnie. Comme nous voyons communément que les meilleurs fruits sont ceux qui ont été becquetés par les oiseaux et rongés par les vers.

C'est par l'habitude du monde, par le choix des relations qu'on se crée une bonne réputation.

« Dites-moi qui vous fréquentez, je vous dirai qui vous êtes, » est un proverbe qui a toujours raison. Il est donc de la plus haute importance de voir des gens honnêtes et bien élevés.

Rien n'est plus tendre et plus fragile que la réputation des femmes ; elles ressemblent, a dit un auteur, à une glace qu'un souffle ternit. Qu'une femme veille donc à conserver sa réputation ; elle doit éviter non-seulement de commettre des faiblesses qui lui attireraient le blâme, mais se garder encore, avec autant de soin, de tout ce qui pourrait motiver la moindre interprétation défavorable.

CHAPITRE II

RELATIONS DE PARENTÉ.

Les devoirs entre pères, mères, enfants, parents et amis forment la base des relations de parenté. Ces devoirs sont indiqués au chapitre suivant. Il en existe d'autres qui sont du domaine des bienséances.

Outre les marques journalières que nous devons prodiguer à nos parents, il en est d'autres dont notre amour doit saisir le prétexte.

Ainsi, à certaines époques, telles que le renouvellement de l'année, nous devons leur donner des preuves de notre tendresse et de notre amitié.

De là est né l'usage : 1° des lettres de bonne année, lesquelles sont l'expression des sentiments dont on est pénétré envers ses parents et amis ; 2° des lettres de compliments et d'anniversaires qui sont des témoignages de joie que l'on donne aux personnes qu'on aime, qu'on estime et auxquelles on s'intéresse.

Les compliments d'anniversaires sont en usage partout et dans toutes les classes de la société ; c'est, d'ailleurs, la forme la plus expansive que puisse employer la reconnaissance et la politesse pour exprimer les sentiments de l'âme ; ils offrent, à l'enfance, les moyens agréables et doux de célébrer les fêtes de la jeunesse, en leur facilitant l'accomplissement d'un devoir forcé.

Pour l'enfant qui grandit, pour la jeune fille qui pense, les lettres d'amitié, de tendresse, de morale, font naître dans leur cœur des pensées pleines d'élévation, les aident à comprendre leurs devoirs, à aimer Dieu et à épancher les sentiments de leur cœur.

L'usage a prévalu de tutoyer son père et sa

mère. Ce signe d'une grande confiance, d'un affectueux abandon, ne doit jamais dégénérer en une blessante familiarité.

Les petits cadeaux, entre parents, entretiennent un doux lien. Il faut que le don soit sincère, jamais hypocrite. Un bouquet de fleurs des prés cueilli à l'intention d'une personne aimée, équivaut au plus riche objet trouvé dans le commerce.

CHAPITRE III

INSTRUCTION ET ÉDUCATION.

On appelle généralement instruction les connaissances, le savoir, les notions acquises.

Tant que tu vivras cherche à t'instruire, a dit Solon.

Quand on a fortement le désir de s'instruire, on en trouve toujours les moyens ; et, par suite, on est amplement dédommagé de ses efforts et de ses travaux.

L'instruction, a dit M. Guizot, préserve généralement de la petitesse d'esprit qui consiste à attacher une grande importance à des choses de peu de valeur. Elle nous apprend à en juger sainement par la comparaison ; et plus le cercle de nos pensées s'agrandit, moins nous sommes portés à faire une grosse affaire de ce qui nous touche.

Les femmes ne doivent pas être exclues de l'instruction qui a rapport aux sciences parce qu'elles peuvent se rendre utiles à leur progrès.

Dans le choix des talents à donner aux jeunes personnes, on devra toujours préférer l'utile à l'agréable.

La femme, lorsqu'elle sera instruite, fera l'agrément de l'intérieur de la maison ; elle s'y rendra toujours utile.

Il ne faut pas confondre l'éducation avec l'instruction : l'éducation est ce qu'il faut pratiquer dans nos rapports avec nos semblables. Les habitudes, les mœurs, la conduite morale, sont le domaine de l'éducation ; les connaissances, le savoir, sont le domaine et le fait de l'instruction.

Ainsi point d'éducation, point de société.

Le meilleur moyen d'arriver à une bonne éducation, c'est d'y arriver par l'instruction.

Plus on est instruit, plus il est facile d'atteindre à un haut degré de moralité.

Par l'instruction on devient savant; par l'éducation on devient meilleur et plus honnête.

Tous ceux qui ont bien observé, ont remarqué que l'influence des mères, quoique presque invisible, n'en est pas moins grande. Si elles remplissent bien les devoirs qui leur incombent, si elles donnent une bonne direction à l'éducation de l'enfance, tout va bien : les familles sont heureuses, les États deviennent florissants ; si, au contraire, la femme est frivole, sans religion, mal élevée, elle entraînera les enfants, la famille, dans la corruption ; alors les hommes, la jeunesse, les jeunes filles sont sans énergie, sans principes, sans morale.

Voyez l'influence prodigieuse que la mère a sur ses enfants. Le meilleur, le plus éclairé des pères ne peut rien sur leur éducation, si son épouse ne travaille de concert avec lui ; car, dans les premières années surtout, les enfants s'attachent presque toujours de préférence à leur mère; c'est d'elle qu'ils reçoivent les premières idées du bien et du mal; et ces idées, ces principes, ainsi que l'éducation chrétienne que le citoyen a reçue d'elle, ne s'effaceront jamais.

Il en est de même dans l'intérieur du ménage. L'homme le plus actif, le plus intelligent, travaillera en vain pour l'augmentation et la conservation du bien-être de sa maison, si son épouse ne seconde pas ses efforts par son intelligence dans le gouvernement de l'intérieur du ménage. C'est elle qui, par sa conduite, peut lui rendre chez lui le séjour délicieux ou insupportable; elle peut le ruiner ou augmenter son bien-être, elle peut lui inspirer du zèle et du courage dans les entreprises ou l'en dégoûter; elle peut enfin lui attirer de la considération et de l'estime, ou le livrer à la risée et au mépris public.

L'éducation des femmes est de la plus haute importance.

CHAPITRE IV

TRAVAIL.

L'homme est né pour le travail; c'est l'ordre de la nature. Le travail est l'âme de tout; il occupe notre esprit et emploie utilement nos forces; il marche toujours accompagné du courage, de la gaieté et de la satisfaction intérieure; il est le meilleur auxilliaire de la vertu, et en même temps le soutien et l'ornement de notre existence. Il est une meilleure ressource contre l'ennui que les plaisirs : il nous délivre du malheur de l'oisiveté, et nous fait goûter les douceurs du repos.

Or, il y a longtemps que l'on dit *que l'oisiveté est la mère de tous les vices*. On peut compléter cette maxime en ajoutant que le *travail est tout le bonheur de l'homme.*

Il suffit de jeter un coup d'œil sur la société pour y voir que l'ennui dévore l'homme oisif; que les richesses et même les plaisirs ne peuvent remplir le vide de l'âme, ni nourrir son activité; et que l'homme laborieux est seul content, heureux et tranquille.

Pour s'exercer au travail, il suffit de penser que l'on est trois fois coupable en ne travaillant point : coupable envers soi-même, parce que l'on s'expose à mourir de misère; coupable envers ses semblables, parce que notre travail contribue au bien-être de tous; enfin coupable aux yeux de Dieu qui a voulu que l'homme travaillât sur la terre.

Le travail est la loi de la nature. La fortune, le sexe, nulle raison n'en peut dispenser : il fortifie le corps, maintient la santé, prolonge la vie et fait paraître le temps court.

Si l'ennui nous gagne, a dit un auteur, courons au travail; le remède est infaillible. Le travail est aussi nécessaire au perfectionnement de l'âme qu'à la santé du corps; qu'il ait pour objet la culture de l'esprit ou un art manuel, il est essentiellement moralisateur. Notre corps s'altère, a dit un philosophe ancien, par le repos et l'inaction, et se conserve par l'exercice et le mouvement. L'objet du travail, c'est de gagner le bien-être et l'indépendance, condition nécessaire au progrès.

Comment certaines jeunes personnes, certaines de nos dames osent-elles donc, sans rougir, voir ou un père ou un époux laborieux employer toutes les forces de son intelligence et mettre toute son activité pour mener à bonne fin ses entreprises, tandis qu'elles passent leurs jours dans une oisiveté ruineuse pour elles et pour leur famille? Il semble que c'est à qui perdra plus follement ce temps précieux si utile. On se lève fort avant dans la matinée, on passe le reste à la toilette, l'après-midi on réitère la toilette pour le spectacle ou la promenade, ou bien l'on va briller dans un dîner en ville d'où l'on revient se coucher fort tard pour recommencer le lendemain une si inutile carrière.

Il faut à la jeune fille un travail réel et journalier; il lui faut un genre d'occupation qui exige de l'attention et du soin. Un travail réglé honore la femme dans quelque rang qu'elle se trouve. Elle ne peut avoir à rougir de s'occuper des travaux utiles.

§ 1. — Du ménage

Les travaux manuels auxquels doit s'accoutumer une jeune personne sont la couture et tous les soins du ménage, savoir préparer ou au moins diriger un repas simple et ordinaire. Voilà les premières choses importantes que doit apprendre une jeune fille, après avoir terminé son instruction. Au moins celles que la fortune dispensera un jour de ces travaux, seront en état de les bien commander. On ne commande bien que lorsqu'on sait faire soi-même ce que l'on est dans le cas de commander.

§ 2. — Domestiques et maîtrese de maison.

Une maîtresse de maison doit mettre tous ses soins à établir la bonne intelligence parmi son monde, et pour cela il faut qu'elle observe beaucoup afin d'être juste et de ne jamais montrer de partialité lors même qu'elle aurait des préférences. Elle doit exiger des domestiques les devoirs auxquels ils sont obligés ; mais elle doit le faire avec convenance et sans dureté ; elle ne doit pas les réprimer mal à propos, mais toujours avec modération et ne jamais avoir avec eux trop de familiarité ; son devoir est de se faire constamment respecter comme une maîtresse juste, sage et humaine.

Il faut aussi qu'une femme ménagère connaisse toutes les marchandises, denrées et objets qui servent aux besoins et aux agréments de la vie journalière, leur prix, leur bonne ou mauvaise qualité ; qu'elle sache en quel temps et de quelle manière on peut acheter telle ou telle chose au meilleur marché, avec plus de sûreté et de profit ; il faut qu'elle connaisse les altérations et les supercheries que les vendeurs sans conscience emploient souvent pour tromper sur la qualité des objets qu'ils vendent.

Il ne suffit pas de savoir acheter, il faut encore savoir conserver et employer; il faut savoir comment telles ou telles denrées doivent être gardées, séchées, salées ou confites; comment chacune d'elles doit être préparée.

Enfin, la maîtresse de maison a de nombreux devoirs à remplir; sa surveillance sera d'autant plus facile qu'elle aura plus d'ordre dans son intérieur, et par ordre nous entendons ici la régularité dans les heures du lever et du coucher, ainsi que des repas.

Les soins du ménage sont si suivis et doivent être si minutieux qu'ils absorbent un tiers de la journée, au moins, d'une bonne ménagère. C'est à elle surtout que s'adresse cet adage : *Le temps passé ne revient pas.* Non, il ne revient pas; et si vous le laissez s'enfuir sans l'employer vous verrez bientôt le désordre dans votre intérieur.

Pour arriver à faire une bonne ménagère, il est indispensable qu'une jeune personne s'applique de bonne heure à connaître le monde; elle y parviendra en s'habituant dès son jeune âge à participer à tous les travaux de la maison, à être présente aux achats et aux ventes qui s'y font. De cette manière, elle apprendra bientôt à connaître les différentes classes d'hommes avec lesquels elle aura un jour des relations plus ou moins directes. Il en résultera pour elle un jugement prompt et juste et une présence d'esprit dont elle sentira plus tard toute l'utilité.

§ 3. — Maîtresse de maison à la campagne.

Quoique les habitudes des campagnes soient plus modestes que celles des villes, le rôle de la femme y est plus important que partout ailleurs. A l'extérieur et à l'intérieur elle y exerce son autorité; ses soins s'étendent à tout : les animaux, la basse-cour, le verger, les ruches, etc.

L'industrie agricole n'exige pas seulement un travail incessant ; la réflexion et le jugement doivent prévenir les erreurs qu'entraîne l'esprit de routine, ou les dangers des innovations et des tentatives hasardeuses. Ces deux écueils ont souvent compromis la prospérité des exploitations les plus florissantes. L'esprit de prévoyance qui, chez la femme, est une vertu naturelle, met en garde contre les entraînements trop fréquents des systèmes nouveaux que l'expérience n'a pas encore consacrés.

Entrer dans le détail des occupations propres à chaque journée, à chaque saison, à l'intérieur ou à l'extérieur de la ferme, n'entre pas dans le cadre que nous nous sommes tracé.

On comprend que la femme qui veut, dans cette position, donner à son mari un concours réel et efficace, a su se créer un genre de vie tout particulier. Levée de grand matin, elle a pu tout disposer pour le bon emploi de la journée. C'est elle naturellement qui fait le compte des recettes et des dépenses, inscrit les journées des travailleurs, distribue à chacun sa tâche, règle avec les fournisseurs et les domestiques. Elle n'ignore rien de ce qui concerne l'achat de la nourriture des bestiaux, l'engraissement des volailles, l'entretien des ruches, etc. Il est utile qu'elle ne soit point étrangère à la connaissance des procédés hygiéniques conseillés par la science. Les précautions les plus simples préviennent les accidents et les maladies dont l'ignorance, l'imprudence, la malpropreté, sont les causes les plus ordinaires parmi les populations rurales. Une femme habile ne négligera pas non plus de réunir autour d'elle et de tenir à la disposition de ses voisines un certain nombre de remèdes et de médicaments qui composent une véritable pharmacie domestique. Elle y parviendra aisément en récoltant les plantes précieuses qui croissent autour de la ferme, dans les bois et les prairies.

Dans l'ordre moral son action bienfaisante peut encore se faire sentir. Elle calme les inimitiés, rapproche les gens que l'intérêt divise, ramène au bien et à la religion ceux qui vivent dans le désordre, combat les préjugés et les erreurs absurdes qui règnent encore dans les campagnes, s'associe à toutes les œuvres organisées pour répandre l'instruction, la charité et l'éducation chrétienne.

CHAPITRE V

PROPRETÉ.

La propreté consiste en plusieurs soins qui concernent le corps, les vêtements, le lieu qu'on habite et jusqu'à l'air qu'on respire.

La propreté est un des moyens les plus efficaces dont nous puissions faire usage pour la conservation de la santé ; c'est le meilleur préservatif contre un grand nombre de maladies ; elle est indispensable si l'on veut être admis dans la bonne compagnie. Le défaut de propreté n'admet aucune excuse : tout le monde a le pouvoir d'être propre.

Elle est une précieuse qualité surtout chez les femmes chargées des soins du ménage, de la nourriture et de l'entretien des vêtements, de la famille. Nos habits, notre linge, nos lits, nos couvertures, doivent être propres.

§ 1. — Propreté du corps.

Le corps doit être souvent lavé avec de l'eau pure et fraîche et spécialement en été. On doit encore tous les matins nettoyer avec soin sa bouche et ses dents : la décence ordinaire le commande. Le mal de dent, aujourd'hui si commun, est souvent dû à leur carie, mais il tient encore plus souvent à leur défaut de propreté.

Les poudres et les dentifrices, tant vantés, sont généralement dangereux : pour tenir les dents propres, il suffit de les nettoyer avec une feuille de sauge et de se laver ensuite la bouche avec de l'eau fraîche.

On doit aussi, chaque matin, peigner, brosser, mettre en ordre ses cheveux, nettoyer et rogner au besoin ses ongles ; on se lave ensuite le visage, le cou, les oreilles à l'eau froide quelque rigoureuse que soit la température. L'eau froide est un excellent préservatif contre le froid, à l'action duquel on serait plus sensible si l'on s'était servi d'eau tiède.

L'usage le plus favorable à la propreté du corps est, sans contredit, celui des bains entiers, des demi-bains, usage également utile sous le rapport de la santé ; nous recommandons surtout les bains froids en été.

§ 2. — Propreté des vêtements.

Outre la propreté du corps dont nous avons fait sentir l'importance, celle des vêtements est également nécessaire.

Ce n'est pas le luxe des vêtements qui en fait la propreté.

Pour avoir l'extérieur propre, il faut qu'on n'ait sur ses vêtements ni boue, ni poussière, ni tache de graisse, ni déchirure, et que tout soit ajusté avec soin. Il importe surtout que l'on ait du linge propre.

Les jeunes personnes et les jeunes gens doivent sentir, presque instinctivement, la nécessité de tenir leurs vêtements dans un état continuel de propreté ; sans cela que donneraient-ils à penser d'eux sous les autres rapports ? Une femme malpropre est regardée, à juste titre, comme une cause de désordre dans la maison.

Pour ce qui est de la forme des vêtements il faut, si l'on peut, et sans la moindre affectation, suivre la mode, pourvu qu'elle soit décente. La singularité dans les ajustements est inexcusable; c'est la preuve de folie ou l'effet d'une ridicule originalité.

C'est une marque de mauvaise éducation de s'habiller ou de se déshabiller en présence de quelqu'un, si l'on peut faire autrement.

En règle générale, il faut bannir de ses habits tout ce qui annonce un trop grand luxe ou une vanité méprisable. L'homme comme la femme qui met sa gloire dans de somptueuses parures s'égare, en croyant se distinguer ; car un mérite est bien médiocre s'il a besoin d'être relevé par l'éclat d'une toilette recherchée.

§ 3. — Propreté dans les habitations.

La propreté et l'entretien des habitations

incombent à la femme d'une manière toute particulière.

Aussitôt que les enfants sont levés et habillés, il faut ouvrir les fenêtres pour renouveler l'air des chambres où l'on a passé la nuit. Les couvertures, draps, matelas, doivent être mis dehors au moins une fois par semaine et les draps changés souvent.

La propreté est surtout nécessaire dans les lieux où sont rassemblées un grand nombre de personnes.

§ 4. — Propreté qu'exigent les convenances sociales.

La civilité réprouve, comme contraire à la propreté, une foule d'actions qu'on ne voit que trop communément.

Ainsi se gratter la tête, mettre ses doigts dans ses cheveux, dans son nez, dans ses oreilles, se ronger les ongles, cracher dans les appartements, dans le feu, par la fenêtre, souffler une chandelle au nez des personnes présentes, sont des actions malpropres qu'il suffit d'indiquer pour en faire sentir toute l'inconvenance.

Si l'on éprouve le besoin de cracher, on doit cracher dans son mouchoir à moins qu'on ne soit dans la rue. On doit éviter de contracter l'habitude de cracher à chaque instant. Si l'on est forcé de tousser, on s'incline légèrement devant les personnes auprès desquelles on se trouve, et l'on se couvre la bouche avec son mouchoir ou la main ; si l'on est à table on se couvre le bas de la figure avec sa serviette.

Quant à l'action de se moucher, qui est la nécessité la plus désagréable que l'on ait à satisfaire en présence de témoins, on ne saurait y apporter trop de soins pour ne pas être l'objet de dégoût. On doit cependant se moucher toutes les fois qu'il y a lieu, mais sans faire de bruit avec son nez, sans étaler son mouchoir et en évitant enfin tout ce qui pourrait être un inconvénient pour soi ou pour la vue des autres.

Lorsqu'une personne éternue on ne dit plus : Dieu vous bénisse ! l'usage veut que l'on s'incline devant elle.

En fait de propreté, comme de tout le reste,

il est très important de se former de bonnes habitudes, et de ne jamais s'en écarter, même quand on est seul ; car on est exposé à faire, sans le vouloir, devant les autres, ce qu'on a contracté l'habitude de faire quand on est seul.

CHAPITRE VI

ORDRE ET ÉCONOMIE.

L'*ordre* est ce sentiment qui fait que nous nous plaisons à voir chaque chose à la place qui lui convient. L'ordre rend le travail plus prompt et plus facile en tenant toujours prête et en bon état la chose dont on a besoin.

Les personnes d'ordre s'accoutumeront de bonne heure à ne souffrir rien de sale autour d'eux. On ne verra jamais une personne soigneuse jeter au hasard ce qu'elle tient à la main.

L'*économie* est l'ordre qu'on apporte dans l'intérieur d'une maison, l'art d'administrer la dépense et de présider au régime intérieur du ménage; elle consiste à épargner sans jamais laisser perdre, à ménager pour avoir assez, à conserver pour avoir toujours. Avec l'économie, non-seulement on conserve ce que l'on a, mais on parvient encore à pouvoir se procurer ce que l'on n'a pas; mais on doit veiller à ce que l'économie, qui est une qualité précieuse, ne dégénère pas en avarice, passion honteuse et ridicule.

Deux vertus essentielles dans une personne qui se propose de remplir dignement sa destination, c'est l'amour de l'ordre et de l'économie. L'amour du faste et de la dépense mène rapidement à la prodigalité, source funeste d'où découlent des désordres et des maux sans nombre.

Ce n'est que dans la jeunesse qu'il est encore temps de s'armer contre les dangers dans lesquels l'amour de la dépense peut vous entraîner. Il serait trop tard de vouloir s'habituer, dans un âge plus avancé, à une manière de vivre réglée par une sage économie, lorsqu'on n'en a pas jeté de bonne heure les fondements par une constante habitude de l'ordre et de l'économie dans les occupations comme dans les dépenses.

L'amour de l'ordre et le goût de l'économie sont des vertus bien essentielles, quelque peu brillantes qu'elles paraissent. Elles sont les conservatrices de toutes les autres qualités d'une personne estimable.

Vous prouverez que vous possédez l'amour de l'ordre si tout ce que vous faites marque de la prévoyance et de la réflexion; si votre manière de vivre a un plan déterminé, une règle fixe et invariable. Votre ménage doit être dans un ordre parfait et annoncer que votre demeure est le séjour de la propreté, de l'aisance, du contentement et du bonheur.

Heureux le mari dont le sort est lié à celui d'une épouse qui, par son intelligence et par ses soins, fait en sorte que tout se trouve comme il doit être! Heureuse aussi son épouse, si à chaque regard qu'il porte dans l'intérieur de sa maison il peut témoigner sa satisfaction du bon ordre, de la propreté qu'on y voit régner! Alors tout prospère ; alors la douce joie du chef de la famille se répand sur tous les membres qui la composent.

Mais combien il est triste et rebutant de voir une maison où la femme semble dédaigner cette vertu fondamentale des mères de famille, une maison malheureuse où il y a désordre dans les choses, désordre dans l'arrangement, désordre dans les occupations, désordre dans la manière de vivre ! Tout est confusion, tout se perd ; et la félicité, qui est la fille de l'ordre, s'enfuit rapidement. La maison entière est livrée aux horreurs de la malpropreté : les habillements, les meubles, les repas, tout en porte l'empreinte. Tout ce qu'il y a d'utile à faire reste suspendu ou ne se termine jamais.

L'esprit de désordre ne va point sans prodigalité. L'économie est donc une vertu essentiellement liée à l'amour de l'ordre.

En vain un père de famille a-t-il l'économie la plus sévère ; en vain exerce-t-il une industrie des plus fructueuses ; en vain se livre-t-il à des entreprises bien conçues, bien ordonnées ; en vain poursuit-il ses travaux avec une activité infatigable : que sa compagne soit prodigue, et tout est perdu ; la maison ressemble à un vase percé : plus on verse de liqueur d'un côté, plus il s'en écoule de l'autre.

Qu'il est heureux, qu'il est digne d'envie, le sort du mari dont l'épouse se montre économe et active dans la signification la plus étendue du mot ! Même avec le revenu le plus borné, sa maison présente toujours l'aspect de l'aisance ; partout où se portent ses regards, il voit régner l'ordre, la propreté, l'activité, l'économie, et peut tout confier à sa fidèle et sage compagne ; il peut se reposer sur elle de toute la surveillance de sa maison et donner, avec une entière sécurité, toute son attention aux affaires du dehors, aux occupations de son état. Le succès couronne les projets de son industrie ; ses entreprises réussissent parce qu'il peut s'y livrer tout entier. Quand il rentre le soir, fatigué des opérations de la journée, tous les soucis peuvent être mis de côté ; il est entièrement libre des soins domestiques. Il se trouve amplement récompensé des peines qu'il s'est données par l'ordre, l'activité, la gaieté, qui vivifient sa maison. Son cœur épanche sa reconnaissance envers la compagne de sa vie et chaque témoignage de son contentement est pour tous les membres de la famille, jusqu'au dernier domestique, le signal d'une joie délicieuse. Heureux mari ! femme respectable ! famille digne d'envie !

CHAPITRE VII

TOILETTE

Les soins de la toilette se composent de la propreté et de la parure.

Chacun pour l'élégance et la richesse de ses habits peut consulter, comme bon lui semble, ou sa fortune, ou son caprice. On est petit ou ridicule quand elle est trop recherchée, mais on ne blesse personne. Mais la négligence dans le linge, les cheveux, la chaussure et les habits choque dans toutes les conditions. Une mise propre, décente, sans extravagance, annonce presque toujours une personne d'ordre.

L'extrême propreté est la première qualité

de l'homme du monde. On vous pardonnera plutôt un habit râpé qu'une tache de graisse sur votre gilet.

Un jeune homme doit suivre la mode en tout ce qui n'est pas ridicule ; l'homme marié doit également la suivre, mais de plus loin.

Avec un peu d'usage de la société, on acquiert facilement l'élégance qui gît dans la manière de porter les vêtements, et dans les vêtements eux-mêmes ; il est donc urgent de choisir de bons tailleurs, etc.

Jamais un homme de bon sens ne se fait remarquer par l'excentricité de son costume.

Un chapeau bien noir et bien brillant, des bottes ou des bottines bien faites, des gants frais, un col cravaté avec soin, sont les principales choses sur lesquelles il n'est point permis de transiger.

Dans une soirée dansante ou un bal, l'habit noir, le pantalon et le gilet de même couleur, la cravate ainsi que les gants blancs sont de rigueur.

Pour la ville on permet la cravate noire.

Le gilet et le pantalon de couleur, quoique moins habillés, peuvent se porter en visite chez des personnes de connaissance : se présenter ainsi chez un supérieur serait une grossière incivilité.

La simplicité, même dans la tenue la plus riche, et l'accord de cette simplicité avec l'âge de la personne, est pour les femmes ce qu'il y a de plus gracieux et ce qu'elles ne devraient pas si souvent oublier.

Nous leur conseillons de suivre la mode, ni de trop près ni de trop loin. Une femme qui se respecte ne doit jamais adopter les modes qui choquent la décence et la pudeur.

Il faut que leur parure soit toujours en harmonie avec leur fortune et le rang qu'elles occupent dans le monde ; elles doivent éviter dans leur mise les couleurs éclatantes ; de se charger de chiffons de dentelles, de rubans pour ne pas ressembler à une douairière, la profusion des bijoux, etc. : la simplicité et le bon goût n'excluent nullement l'élégance.

Elles doivent encore varier leur toilette en

raison des circonstances : celle pour soirées doit être moins simple ; celle pour bals, plus élégante.

La toilette d'une demoiselle sera toujours plus modeste que celle d'une femme mariée, parce que la vraie manière de se choisir un mari est de paraître avoir des goûts simples.

Avec une coiffure, une chaussure et des vêtements simples mais de bon goût, et le tout frais et parfaitement fait, une femme peut se présenter partout.

Une femme de bon sens suit les modes, mais sans les exagérer, et surtout sans les devancer.

DEUXIÈME PARTIE

Des devoirs en général.

CHAPITRE I

DÉFINITION.

Les devoirs sont des obligations qui nous sont imposées par la loi naturelle, par l'usage, par la bienséance, par la société, et dont il n'est permis à personne de se soustraire.

Le devoir est une règle, mais une règle purement intérieure appréciée par la raison et reconnue par la conscience. C'est une règle dont rien ne peut nous affranchir.

Nos devoirs nous deviennent peu à peu aimables, à condition d'y persévérer. Ils s'adoucissent et s'embellissent par la pratique.

CHAPITRE II

DEVOIRS ENVERS DIEU.

Il est un Dieu : les herbes de la vallée et les cèdres des montagnes le bénissent ; l'insecte bourdonne ses louanges, l'oiseau le chante sous le feuillage, la foudre fait éclater sa puissance et l'Océan déclare son immensité. L'homme seul a dit : Il n'y a point de Dieu (Chateaubriand).

Nous n'avons qu'à lever les yeux en haut, tout nous affirme son existence ! Qui a dit au soleil : Sortez du néant et présidez au jour ? à la lune : Paraissez et soyez le flambeau de la nuit ?

La religion est le lien qui nous attache à Dieu ; son triomphe, c'est de consoler l'homme dans le malheur, c'est de mêler une douceur céleste aux amertumes de la vie.

La religion, lorsqu'elle n'est point défigurée par l'ignorance, par la superstition, par les préjugés, est un don précieux que le Ciel a fait à l'homme pour soutenir sa raison chancelante, et pour ouvrir son cœur à la reconnaissance, à l'humanité, et fortifier son courage contre les maux de la vie en lui montrant, dans l'avenir, le dédommagement des peines et la récompense de la vertu.

Croyons à un Dieu bon, juste et puissant; la grandeur de ses œuvres décèle à nos yeux son existence : tous les biens de ce monde l'attestent.

Acquittons envers lui, chacun suivant notre religion, le tribut d'amour, de vénération et de reconnaissance que nous lui devons. Remercions-le matin et soir de ses bienfaits, et prions-le de nous les continuer.

Croyons à l'immortalité de l'âme, et, par conséquent, à une vie future qui doit être la récompense de notre conduite en celle-ci.

En l'honorant, chacun selon les lois de son culte, demeurons tous unis ; que les différences de nos religions ne soient jamais entre nous une cause de rupture.

Quelle que soit notre croyance religieuse, tenons-nous toujours en garde contre la superstition et le fanatisme.

Lorsque, dans les circonstances graves, nous prenons Dieu à témoin de notre sincérité, que notre parole ou notre engagement soit inviolable ; le serment est sacré pour l'homme de bien ; le parjure est un crime des hommes les plus pervers.

CHAPITRE III

DEVOIRS ENVERS NOTRE PÈRE ET NOS PARENTS.

Ayons pour notre père et pour notre mère l'affection la plus tendre et le respect le plus profond; suivons avec docilité, dans notre enfance et notre jeunesse, toutes leurs instructions morales, et obéissons à leurs volontés; ayons toujours une grande déférence pour leurs conseils; conservons-leur une éternelle reconnaissance de tout ce qu'ils ont fait pour nous. Qu'ils soient nos amis, nos conseillers et nos guides dans tout le cours de notre vie.

Si nous n'acquittons pas la dette immense que notre enfance a contractée avec notre père et notre mère, nous encourons l'aversion de tous ceux qui sont honnêtes parmi les pères, les mères et les enfants.

Dans la vieillesse de nos parents, souvenons-nous de notre enfance. Devinons leurs besoins; n'ont-ils pas deviné les nôtres? Sachons, s'il le faut, nous priver de nos plaisirs pour leur procurer l'aisance; s'ils tombent dans l'adversité, prodiguons-leur, de bon cœur, toutes sortes de secours, et employons tous les moyens pour ne pas blesser leur amour-propre.

Respectons leur opinion, lors même qu'elle ne serait pas conforme à la nôtre. S'ils ont des défauts, oublions-les; s'ils nous parlent avec sécheresse, pardonnons-le à leur âge. Le contentement prolonge la vie, rendons-les contents.

Aimons notre famille; si quelqu'un de ses membres tombe dans le malheur, réunissons-nous pour le secourir : qui le secourera si ses parents et ses amis l'abandonnent?

CHAPITRE IV

DEVOIRS ENVERS NOS DOMESTIQUES ET NOS INFÉRIEURS.

Ayons des égards pour nos domestiques ou nos inférieurs ou subordonnés; commandons-leur avec douceur, et ne leur faisons pas sentir notre supériorité ; respectons en eux la dignité humaine ; souvenons-nous qu'ils sont de notre espèce; qu'égaux par la nature, ils ne sont inférieurs que par les lois sociales. Ayons quelque tolérance pour leurs défauts : personne n'est parfait ici-bas. N'abandonnons pas nos domestiques dans les maux qui peuvent les affliger, surtout si, pour les secourir, ils n'ont personne plus proche que nous, et en position de le faire.

CHAPITRE V

DEVOIRS ENVERS NOS SEMBLABLES COMME HOMMES.

Le fondement de nos devoirs envers nos semblables est dans ce précepte : « *Ne faites pas aux autres ce que vous ne voudriez pas qu'on vous fît; faites-leur ce que vons voudriez qui vous fût fait à vous-même.*

Le duel est un acte barbare et punissable, qui ne prouve nullement le bon droit et tourne souvent contre l'offensé. Tâchons d'en détourner nos semblables ; faisons tous nos efforts pour les ramener, par notre médiation, à la concorde et à la paix.

Ne faisons de mal à personne, pas même à nos ennemis.

N'offensons nos semblables ni par nos paroles, ni par nos actions ; ne les irritons ni par des injures, ni par des plaisanteries choquantes. Reprenons avec douceur, quoique sans faiblesse, ceux qui nous offensent, de manière à les faire repentir de nous avoir offensés. Sommes-nous fâchés avec quelqu'un, sachons prendre sur nous de provoquer la réconciliation ; car, si personne ne veut faire les avances, la querelle peut être éternelle.

Si nous trouvons quelque objet appartenant à autrui, rendons-le à son propriétaire.

Ne trompons personne ; soyons francs et sans détours : la droiture est la vertu d'un cœur honnête ; la fourberie est le vice d'une âme basse.

Le mensonge est ignoble, il est le compagnon de la fourberie ; faisons-nous une loi de ne point mentir.

Ne disons jamais de mal de nos semblables sans nécessité : si nous le faisons, que ce soit par devoir, quand une cause raisonnable l'exige, jamais par plaisir ni par légèreté.

Ne calomnions jamais personne : si dire,

sans juste cause, de notre prochain un mal véritable est une faute, le calomnier est un crime.

Ne méprisons jamais aucun de nos semblables à cause de l'humilité de sa condition et ne nous enorgueillissons pas de la supériorité de la nôtre. Voyons en eux des égaux, et traitons-les comme tels.

Soyons polis, affables envers tout le monde, mais ne flattons personne; disons avec ménagement la vérité.

L'humanité est une des plus belles vertus de l'homme: soyons bons et humains envers nos semblables; voyons avec peine leurs maux et leurs souffrances; aimons-les; protégeons-les, si nous le pouvons, contre l'injustice; soulageons-les par nos soins le plus qu'il nous est possible et contribuons-y par nos aumônes; aimons à les secourir : c'est une faute grave de les laisser souffrir lorsque nous pouvons l'empêcher. Donnons aux pauvres le plus que nos moyens le permettent; car l'humanité fait un devoir à la société de leur procurer ce qui est nécessaire aux besoins de la vie.

Ayons pitié des malheureux débiteurs, et ne les accablons pas par des poursuites rigoureuses ou une usure coupable ; soyons plutôt disposés à croire qu'ils sont dans la détresse, qu'à leur supposer l'intention de nous tromper.

La pensée d'accomplir un devoir et d'être utile à nos semblables, produira en nous une satisfaction intérieure ; car nous ne sommes pas destinés à ne vivre que pour nous

CHAPITRE VI

DEVOIRS ENVERS NOS SEMBLABLES COMME MEMBRES DE LA SOCIÉTÉ.

1. Soyons justes envers tout le monde; et si nous sommes élevés à quelque charge publique par le suffrage de nos concitoyens, prenons la justice et l'intérêt public pour guides, et ne les sacrifions jamais à notre intérêt personnel, ou à celui de notre famille, ni à celui de nos passions.

CHAPITRE VII

DEVOIRS ENVERS NOUS-MÊMES.

1. Corrigeons les défauts de notre caractère : il peut rendre malheureux tout ce qui nous entoure ; il est indépendant de nous et nous vient en partie de la nature; toutefois, bien que le succès n'en soit pas facile, avec des efforts il est possible de le corriger. Nous devons être d'une humeur douce et facile envers tout le monde, tâchons d'y parvenir.

2. Évitons la colère et faisons tout pour la réprimer ; sous son empire l'homme n'est plus lui-même ; sa raison paraît suspendue, il peut être injuste et cruel. Avec une ferme volonté, une constance opiniâtre, il n'est pas

de défauts que nous ne puissions dompter.

3. Fuyons l'oisiveté : elle nous laisse seul avec notre imagination, en lutte avec nos passions et nos vices ; attachons-nous à un travail journalier forcé ou volontaire.

4. Combattons l'amour des richesses, elles ne font pas le bonheur ; une modeste aisance doit suffire à l'homme pour le satisfaire. Combattons aussi l'amour du faste et du luxe ; il nous rend trop esclave des choses de ce monde et de ses futilités. Comme l'amour de l'orgueil, il peut porter à la probité une atteinte funeste et corrompre le cœur.

5. Défions-nous de l'ivresse des plaisirs ; elle fait naître le vice. L'usage fréquent d'un plaisir en fait un besoin par habitude ; sachons-nous en défier. Attachons-nous à des plaisirs simples et honnêtes ; plus on s'attache aux grands plaisirs du monde, moins on trouve d'agrément aux premiers. Aimons à employer nos loisirs à quelque occupation utile et agréable.

6. Sachons nous contenter de peu, c'est la devise du sage ; moins on a de besoins, moins on

est excité à mal faire et plus on est près du bonheur. Un vêtement simple, une nourriture frugale, un abri modeste et une occupation qui lui plaise, voilà les seules choses nécessaires à l'homme raisonnable.

Fuyons le vice de la gourmandise, qui nous rend esclaves d'un appétit grossier ; prenons une nourriture simple et modérée selon notre besoin ; usons avec réserve du vin et des boissons spiritueuses ; la tempérance conserve la santé de l'homme ; elle lui est en outre commandée par le sentiment de sa propre dignité.

Ayons une sage économie, mais évitons l'avarice qui avilit l'âme : elle est nuisible à l'avare qui se prive de tout ; elle est nuisible à la société, qui a le plus grand intérêt à ce que chacun de ses membres emploie une partie de ses biens à faire travailler les artisans, ou à soulager les malheureux. Fuyons également la prodigalité, qui nous conduit à la misère, nous et notre famille.

Si nous aimons le jeu, donnons quelques-uns de nos loisirs à ce goût innocent, lorsqu'il est raisonnable; mais modérons-en l'excès Jouons pour le plaisir et non pour l'argent. Portée à l'excès, la passion du jeu conduit l'homme à la misère, au crime et au suicide.

Ne tenons jamais de discours licencieux; ils avilissent l'homme et sont indignes de lui; bannissons de notre langage tous propos grossiers : ils marquent l'impolitesse et la mauvaise éducation.

Appliquons-nous à faire naître et à développer dans notre cœur toutes les vertus, et à corriger tous nos défauts et tous nos vices; des lectures morales obtiendront à cet égard les plus heureux effets.

Évitons tous les excès : ils dégradent l'homme et détruisent la santé; tâchons d'éviter aussi l'exagération en toutes choses; faisons ce qui est bien, ce qui est raisonnable : la modération est le principe du sage; la raison est son guide.

Ne nous vantons point; laissons à nos concitoyens le soin de nous apprécier. L'homme sage sait qu'il n'est qu'un homme, c'est-à-dire un être faible et borné ; il attache peu d'importance à une légère supériorité sur ses semblables ; il préfère ne point la leur laisser sentir, et rester au niveau de son espèce.

Supportons avec courage et résignation les maux de cette vie, qui sont une suite de l'ordre des choses d'ici-bas : c'est la vertu d'un cœur noble et fort ; c'est un devoir envers notre propre dignité : l'abattement et le désespoir sont des faiblesses de l'âme qu'il faut vaincre, ne pouvant rien d'ailleurs pour le soulagement de nos souffrances.

Si nous faisons le bien, nous en recevons la récompense ; nous jouirons du contentement de l'âme et de la paix intérieure, de l'estime de nous-mêmes, de celle de nos semblables et de leur affection ; une réputation solide et sans tache couronnera nos efforts ; par notre modération nous aurons plus de chance que tout autre de conserver intacte notre santé ; l'ordre et l'économie nous mettront à l'abri de la misère.

CHAPITRE VIII

DEVOIRS ENVERS LA PATRIE.

La patrie n'est pas seulement le sol qui nous porte et nous nourrit, elle est encore le ciel qui le fertilise, le paysage qui l'embellit, les êtres qui le vivifient ; elle est le théâtre de nos occupations, la tombe où reposent nos pères ; elle est la société à laquelle nous appartenons, dont nous partageons les goûts. La patrie est enfin l'ensemble de tout ce dont nous ne pouvons être séparés sans éprouver la privation et le besoin (Giron).

L'amour de la patrie est commun à tous les hommes ; et le pays natal, quel qu'il soit, est toujours celui qu'on préfère à tous les autres.

Soit instinct soit reconnaissance
L'homme par un penchant secret,
Chérit le lieu de sa naissance,
Et ne le quitte qu'à regret.
(Gresset.)

Aimer sa patrie, c'est aimer ses concitoyens; c'est s'associer à leurs douleurs; c'est concourir au bonheur public; sa patrie, c'est faire tous ses efforts pour qu'elle soit redoutable au dehors et tranquille au dedans.

Aimons sincèrement notre pays; l'amour de la patrie est le sentiment d'une belles âme ; défendons-la contre l'ennemi avec un courage invincible. Le courage est, comme l'amour de la patrie, l'une des plus grandes vertus du citoyen.

TROISIÈME PARTIE

Actes et cérmonies de l'état civil.

Tout le monde sait que les actes de l'état civil consistent dans trois grands événements de la vie, savoir : la naissance, le mariage, la mort.

Pour les cérémonies que nécessitent ces événements, chaque pays et même chaque province a des usages particuliers, auxquels l'homme bienséant doit se soumettre ; s'il les ignore, il lui sera facile de s'en informer. Les règles que nous allons donner seront donc susceptibles de recevoir, selon les cas, quelques modifications.

CHAPITRE I

NAISSANCE.

Les formalités à remplir, lors de la naissance des enfants, sont de deux sortes, savoir : les formalités civiles et les formalités religieuses.

§ 1. — Formalités civiles.

Les déclarations doivent être faites dans les trois jours de la naissance à la mairie du lieu. L'enfant sera présenté.

La naissance de l'enfant devra être déclarée par le père, et à défaut du père par la personne qui en a été témoin.

L'acte de naissance est rédigé par l'officier

de l'état civil en présence de deux témoins.

Le défaut de déclaration dans la forme prescrite par la loi sera puni d'un emprisonnement de six jours à six mois et d'une amende de 16 fr. à 300 fr.

§ 2. — Formalités du baptême.

Les formalités religieuses du baptême diffèrent selon les différents cultes. Mais pour ce qui regarde le monde, c'est-à-dire les cadeaux, les bonbons, l'argent à distribuer, elles sont les mêmes.

Avant d'offrir à quelqu'un d'être parrain ou marraine, il faut s'assurer s'ils sont disposés à accueillir votre demande : au moyen de cette précaution on peut s'épargner un refus toujours choquant.

§ 3. — Du parrain et de la marraine.

Le parrainage est une complaisance onéreuse, et à moins de circonstances particulières on ne doit porter son choix que parmi les parents ou les personnes avec qui l'on a des relations suivies d'amitié.

Ces sortes de demandes doivent être faites plusieurs mois à l'avance ; il faut éviter, si c'est possible, de prendre pour parrain et marraine des personnes de cultes différents.

Une jeune personne ne peut accepter cette invitation qu'avec l'agrément de ses parents.

La proposition d'être parrain ou marraine est un honneur qu'on peut décliner ; mais il faut accompagner son refus d'excuses et de regrets capables de l'adoucir. Certains liens de parenté s'opposent à aucun refus.

Lorsqu'on a consenti à être parrain ou marraine, il faut faire les choses convenablement selon son état et celui des parents.

L'usage exige que le parrain envoie chez la marraine, avant la cérémonie, une corbeille contenant des gants, un bouquet, quelques boîtes de dragées auxquels on peut joindre un ou plusieurs objets de fantaisie. La nature de ce cadeau, qui peut varier à l'infini, dépend de sa position et de sa générosité.

Mais, dans cette circonstance, la marraine ne doit pas oublier qu'il y a convenance de faire savoir à la personne qui doit être parrain qu'elle serait blessée de recevoir aucun présent de prix, et qu'elle verrait avec déplaisir des dépenses dont elle serait l'objet. Ce désintéressement est bienséant et de bon goût.

Une marraine peut rejeter tout autre chose que les dragées et le bouquet.

Elle doit attendre son compère chez l'accouchée où il ira la prendre.

La marraine doit, d'après l'usage, faire un cadeau à l'enfant : une timbale, un petit couvert. En province, elle donne une robe et un bonnet orné de rubans blancs ; s'ils sont de couleur, ils doivent être roses pour une fille et bleus pour un garçon.

Le parrain et la marraine doivent un cadeau à l'accouchée ; il consiste ordinairement en plusieurs boîtes de bonbons. Le parrain doit, en outre, donner à la mère de l'enfant un souvenir de bon goût, tel qu'un bijou ou une pièce d'argent.

Il est d'usage de prévenir l'église au moins la veille : pour cela le père de l'enfant se présente à la sacristie, donne au prêtre les prénoms de l'enfant, ceux des parents, parrain et marraine. Le prêtre fait connaître ensuite l'heure à laquelle le baptême aura lieu.

§ 4. — De l'église.

Lorsqu'on se rend à l'église, le parrain et la marraine ouvrent la marche. L'enfant, porté par la nourrice, suit immédiatement, puis enfin le père et les personnes invitées à la cérémonie.

Dans certaines familles, le père de l'enfant envoie une boîte de dragées au prêtre ou au ministre qui a baptisé son enfant ; dans cette boîte il met une pièce d'or ou d'argent selon sa fortune.

Si le père désire que la cérémonie soit faite en voiture, c'est à lui qu'incombent les frais nécessités par ce luxe.

Le parrain et la marraine ne doivent pas se donner le bras pour entrer dans l'église. Quand commence la cérémonie, ils se placent debout de chaque côté de la femme qui suit l'enfant. La marraine se met à gauche et le parrain à droite.

Pour éviter tout embarras, on doit attacher le bonnet de l'enfant de façon qu'il soit facile de le dénouer.

Le prêtre adresse à l'enfant, présenté au baptême les questions suivantes auxquelles le parrain et la marraine répondent.

D. Que demandez-vous ?

R. Le baptême.

D. Qu'est-ce que nous procure le baptême ?

R. La vie éternelle.

Cela fait le prêtre exorcise l'enfant et récite le *Pater* et le *Credo*.

Ensuite il interroge de nouveau l'enfant :

D. Renoncez-vous à Satan.

R. J'y renonce.

D. A ses pompes ?

R. J'y renonce.

D. Et à ses œuvres ?

R. J'y renonce.

Les onctions sont faites sur l'enfant par le prêtre, puis il dit en se servant des noms qui lui ont été indiqués : Croyez-vous en Dieu, créateur du ciel et de la terre?

Le parrain et la marraine répondent pour lui : J'y crois.

La cérémonie terminée, le parrain donne au prêtre une boîte de dragées, il peut mettre dans cette boîte quelques pièces d'or ou d'argent. Le parrain donne encore, selon ses moyens, une somme au suisse, aux enfants de chœur et aux pauvres qui l'attendent à la porte.

A cela il faut ajouter une avalanche de dragées, de bonbons pour les amis, la garde, la sage-femme, les domestiques.

Dans les grandes villes, la naissance de l'enfant est annoncée par une lettre de faire part comme un mariage; et les parents et les intimes sont conviés au baptême par une lettre d'invitation.

Le parrain et la marraine ont souvent la manie de donner à leurs filleuls une série de noms quelquefois ridicules. Il vaut mieux, dans l'intéret de l'état civil de l'enfant, n'en donner qu'un ou deux au plus. La complication des noms donne lieu, dans certaines circonstances, à procès toujours fâcheux.

Dans beaucoup de maisons, il est d'usage de donner, au retour du baptême, un grand repas dont le parrain et la marraine recueillent tout l'honneur.

Presque partout, le parrain et la marraine donnent à leurs filleuls des étrennes tant qu'ils sont enfants. Ils doivent veiller à l'éducation et à l'instruction de leurs filleuls, si les père et mère viennent à leur manquer.

CHAPITRE II

MARIAGE.

L'honnêteté et la sympathie sont les deux considérations fondamentales qui doivent déterminer le choix des époux ; l'aisance dans la fortune et les agréments extérieurs peuvent venir ensuite comme considérations secondaires mais les premières méritent, par leur importance, toute la sollicitude d'un père sage qui veut assurer le bonheur de ses enfants.

Sans l'honnêteté et la sympathie, le mariage ne serait qu'une association malheureuse, une source continuelle de peines, de chagrins, de tribulations, de désordres et de scandales : il faut donc ne rien négliger pour connaître à fond les principes, les goûts et la conduite de la personne que l'on veut mettre au rang de ses enfants. Cette recherche présente bien des difficultés, surtout s'il s'agit de pénétrer dans l'âme d'une personne dissimulée qui sent la nécessité de cacher ses principes et ses actions.

La sympathie dans le caractère consiste dans la conformité ou l'identité des affections : même façon de voir, de sentir, mêmes goûts, mêmes penchants, etc.

L'aisance est un grand moyen d'être heureux en ménage : il est donc d'une sage prévoyance de commencer par assurer ses ressources, et de pourvoir d'avance aux besoins de la future famille.

Si le patrimoine de ses pères n'est pas suffisant, il faut tâcher d'y suppléer par une profession lucrative.

Dans le mariage contracté dans ces conditions, l'*époux* trouve dans l'*épouse* une douce compagne, une sincère amie qui lui offre tout ce que la nature a de plus séduisant, de plus précieux ; qui lui fournit la société la plus agréable, qui lui prodigue tous les soins dont il peut avoir besoin ; qui s'empresse d'écarter de son âme la tristesse et de ramener sur son visage la sérénité; qui, dans la disgrâce, partage ses peines, lui donne des consolations et cherche à alléger ses maux par tous les moyens qui sont en son pouvoir; qui, dans la prospérité, double ses jouissances par la participation à sa joie; qui l'aide de ses conseils affectueux et salutaires; qui entretient l'ordre et l'économie dans sa maison, etc.

L'épouse trouve dans l'époux un être aimant, sensible, compatissant et confiant, pour le cœur duquel elle est un objet d'estime et d'amour qui l'emporte sur toutes ses affections les plus chères; qui a pour la délicatesse et la faiblesse de son sexe tous les égards qui lui sont dus; qui prend part à ses peines, qui la console dans ses afflictions, qui n'a rien de secret pour elle, etc.

Tous deux, heureux l'un par l'autre, voient chaque jour leurs attentions, leurs prévoyances, leurs soins, leurs complaisances réciproques.

Si, par hasard, quelque nuage s'élève au milieu de ce calme enchanteur, le souvenir du passé, la vue du présent, la perspective de l'avenir, que l'amour et la raison remettent en jeu, l'ont bientôt dissipé.

Aussi les liens d'un tel mariage ne sont, comme on le voit, qu'un tissus de fleurs parmi lesquelles il se rencontre rarement quelques épines.

Mais si le mariage a des avantages il a aussi des inconvénients.

Lorsqu'il est contracté par une aveugle passion, ou par un ridicule caprice, ou dans des vues d'intérêts sans s'assurer de la conformité du caractère et des goûts des futurs conjoints, il ne tarde pas à devenir une chaîne insupportable qui rend chagrine et malheureuse la vie des époux qu'elle lie. L'indifférence à laquelle conduisent fatalement les mariages mal assortis amène d'abord des tracasseries, des querelles et ensuite la division complète; les époux s'adressent des reproches amers sur leur conduite, se plaignent de leurs procédés mutuels. Puis il arrive souvent que le mari ne s'occupe plus du soin de sa maison, il néglige ses affaires, et, pour se distraire de ses peines domestiques, il se livre au jeu et à la débauche. De son côté la femme ne reconnaît plus dans son mari qu'un véritable tyran, prend de l'aversion pour son ménage, laisse tomber sa maison dans le désordre, oublie ses devoirs, devient indifférente pour ses enfants et leur fait même quelquefois partager la haine qu'elle a vouée au père.

Ainsi du choix des époux et des épouses dépend leur destinée : si le choix est bon, l'union devient parfaite ; s'il est mauvais, l'union n'est pas longtemps supportable.

Ces vérités, attestées par une expérience journalière, démontrent suffisamment de quelle importance il est pour ceux qui ont l'intention de contracter mariage, de bien choisir les objets auxquels ils veulent s'attacher.

Lorsqu'un jeune homme a rencontré une jeune personne qui lui plaît, il doit faire prendre des informations sur elle et sur sa famille par un ami dans lequel il a la plus entière confiance, afin de ne pas s'exposer à recevoir un refus. Lorsqu'il est assuré que sa demande sera agréée, il se fait présenter à la famille.

Cette visite a lieu ordinairement sans que la jeune fille soit présente. C'est dans cette première visite qu'il est d'usage de traiter les affaires d'intérêts.

Si le jeune homme présente les conditions que désire la famille de la jeune fille, elle l'invite à revenir en lui indiquant le jour de sa prochaine visite.

Lorsque les parents de la jeune fille ne se trouvent pas satisfaits, ils demandent quelque temps pour réfléchir ; alors le jeune homme doit attendre qu'on le rappelle.

Dans cette seconde visite, la jeune fille est au milieu de ses parents ; sa toilette est simple, mais de bon goût. Pour le jeune homme une toilette sévère est de rigueur, une mise négligée décèlerait un manque absolu de savoir-vivre.

La demande en mariage est faite ensuite par le père du jeune homme, ou à défaut, par sa mère, ou proche parent, ou même un ami.

A partir de ce moment, le jeune homme est

admis dans la maison à titre de prétendu. Il doit alors faire cadeau d'une bague, appelée bague de fiançailles, et, de plus, il doit au moins deux fois par semaine faire précéder sa visite d'un beau bouquet qu'il envoie. Il fait ses visites dans une toilette convenable. La jeune fille, de son côté, ne peut recevoir son prétendu en négligé.

Le jeune homme doit être, dans ses relations, extrêment empressé et respectueux ; paraître indifférent à tous détails d'intérêts que débattent les familles ; entretenir sa jeune future de leur intérieur à venir, de ses goûts, de ce qu'il convient de choisir pour logement, le mobilier, évitant toute familiarité déplacée.

Si, après avoir été admis dans la maison comme prétendu, des raisons sérieuses obligent le jeune homme de se retirer, il doit apporter dans cette rupture les plus grands ménagements.

Le contrat et les cadeaux sont ordinairement les préliminaires d'un mariage.

Le notaire fait la lecture des conventions

matrimoniales chez le père de la future. Toutes les mesures ont dû être précédemment prises pour éviter des discussions qui puissent amener une rupture.

Le futur signe le premier, puis vient la future et ses parents, etc.

Les cadeaux que le jeune homme fait à sa future s'appellent la *corbeille de mariage*; ils consistent en différents objets de toilette, bijoux, diamants, etc. ; quelques personnes se bornent à placer au fond du petit meuble élégant, qui remplace maintenant la classique corbeille, une bourse contenant en pièces d'or la somme destinée à l'achat des objets. La demoiselle l'emploie alors comme elle le juge à propos. Le marié doit encore un cadeau à chacun des frères et sœurs de la future.

La jeune fille, de son côté, en doit un à son futur : c'est ordinairement un bijou à son usage.

§ 1. — Conditions requises pour contracter mariage.

L'homme avant dix-huit ans révolus, la

femme avant quinze ans révolus, ne peuvent contracter mariage. Néanmoins il est loisible au chef de l'État d'accorder des dispenses d'âge pour des motifs graves.

Le fils qui n'a pas atteint l'âge de vingt-cinq ans accomplis, la fille qui n'a pas atteint l'âge de vingt et un ans accomplis ne peuvent contracter mariage sans le consentement de leurs père et mère. En cas de dissentiment le consentement du père suffit. Si l'un des deux est mort ou dans l'impossibilité de manifester sa volonté, le consentement de l'autre suffit ; si le consentement est refusé, on est obligé de faire des sommations respectueuses. L'homme pour faire ces sommations doit avoir vingt-cinq ans, la femme vingt et un ans.

§2. — Formalités relatives à la célébration du mariage.

Le mariage sera célébré publiquement devant l'officier de l'état civil de l'une des deux parties.

Avant la célébration du mariage, l'officier

de l'état civil fera deux publications, à huit jours d'intervalle, un jour de dimanche, devant la porte de la mairie.

Un extrait de l'acte de publication sera et restera affiché à une porte de la mairie pendant les huit jours d'intervalle de l'une à l'autre publication. Le mariage ne pourra être célébré avant le troisième jour.

Ainsi, le mariage dont la deuxième publication sera faite le dimanche 1er janvier ne pourra être contracté que le mercredi 4, c'est-à-dire le onzième jour à partir de la première publication.

Les publications seront faites à la municipalité du lieu où chacune des parties contractantes aura son domicile.

Si le domicile actuel n'est établi que par six mois de résidence, les publications seront faites, en outre, à la municipalité du dernier domicile.

Si les parties contractantes ou l'une d'elles sont, relativement au mariage, sous la puissance d'autrui, les publications seront encore faites à la municipalité du domicile de ceux sous la puissance desquels elles se trouvent.

Il est loisible au chef de l'État de dispenser, pour des causes graves, de la seconde publication.

§ 3. — Mariage à la mairie.

Deux ou trois jours avant la célébration du mariage, il faut faire remettre à la mairie du lieu :

1° Un certificat constatant que les bans ont été publiés dans les endroits exigés par la loi ;

2° Le consentement, par acte notarié, des personnes sous l'autorité desquelles l'un des deux époux ou tous deux sont placés par rapport au mariage, si ces personnes ne doivent pas assister à la célébration du mariage.

S'il n'y a aucune opposition, le mariage sera célébré dans la mairie où l'un des deux époux aura son domicile. Ce domicile s'établira par six mois d'habitation continus dans les mêmes communes.

Les mariages à la mairie se font à Paris, et

dans les grandes villes de province, le mardi, le jeudi et le samedi.

L'officier de l'état civil, en présence de quatre témoins, parents ou non parents, fera la lecture aux parties des pièces ci-dessus mentionnées, relative à leur état et aux formalités du mariage, et du chapitre VI du Code civil sur les droits et les devoirs respectifs des époux. Il recevra de chaque partie, l'une après l'autre, la déclaration qu'elles veulent se prendre pour mari et pour femme. Il prononcera au nom de la loi qu'elles sont unies par le mariage.

Le mariage à la mairie n'entraîne que des dons volontaires, car il n'y a rien à payer comme droit.

§ 4. — Mariage à l'église.

Lorsqu'on doit épouser une de ses proches parentes, comme une nièce, une belle-sœur, il faut demander une dispense à l'Église comme on l'a fait pour le mariage à la mairie.

Les bans de mariage à l'église doivent être publiés à la paroisse de la future et à celle de son prétendu.

Quand les deux familles habitent la même ville, on se marie ordinairement à la paroisse de la jeune fille; cependant rien ne s'oppose à ce que la célébration se fasse à la paroisse du jeune homme, si celle-ci convenait mieux.

Mais si l'on veut se marier dans une autre église, une permission de chacun des curés des deux paroisses est nécessaire. Cette permission est donnée par écrit.

Si les curés, ou l'un d'eux, refusaient cette permission, il faudrait s'adresser à l'évêque du diocèse; il a droit seul d'ordonner qu'il soit passé outre.

Le mariage pendant le carême nécessite une dispense de l'évêque du diocèse.

La publication des bans à l'église se fait pendant trois dimanches consécutifs. Il est facultatif d'en retrancher deux. Ces bans sont publiés sur la présentation d'un certificat délivré par le maire et constatant le dépôt à la mairie des pièces nécessaires.

Quelques jours avant le mariage à l'église il faut remettre :

1° Un billet de confession ; 2° un certificat constatant les publications des bans dans les églises où elles devront être faites ; 3° un extrait de son acte de baptême.

§ 5. — Cérémonial à l'église.

La mariée doit être mise en blanc le jour de son mariage; elle ne doit se mêler en rien de faire les honneurs : son rôle est passif. Chacun la prévient, l'entoure, lui rend hommage; elle se borne à répondre avec une douce modestie, une gracieuse dignité.

Les frais des voitures regardent le jeune homme.

La mariée prend place dans une voiture avec son père, mère et sa sœur si elle en a une.

Le marié et ses parents sont dans une autre voiture.

Les connaissances des deux époux se rendent à l'église à l'heure indiquée ; celles du marié se placent à droite, celles de la mariée à gauche, sur des chaises préparées à l'avance.

Le cortége de noce s'avance alors dans l'ordre suivant : le pére, ou celui qui en tient lieu, conduit sa fille; vient ensuite le marié avec sa mère ou la dame qui la représente ; les garçons et les demoiselles d'honneur suivent, puis les membres des deux familles viennent deux à deux.

Les mariés et leurs parents approchent de l'autel, les parents les entourent ; le marié se place à la doite de la mariée.

Quand l'anneau est présenté au marié, il doit le prendre de la main droite nue, et le mettre au troisième doigt de la main gauche de la mariée.

Lorsque le prêtre fait les questions sacramentelles aux époux, ils doivent répondre à mi-voix en s'inclinant légèrement.

§ 6. — Du garçon et de la demoiselle d'honneur.

Dans l'usage, c'est une des sœurs de la mariée ou sa plus intime amie que l'on choisit pour demoiselle d'honneur.

Le jeune homme d'honneur est ordinairement le frère ou l'ami le plus intime du marié.

Le garçon d'honneur a pour ainsi dire la direction du cérémonial : il va au-devant des invités, les prient de se dépêcher en usant, dans ce cas, d'une extrême politesse et en leur rappelant les égards qu'ils doivent à la mariée.

Il doit obéir à toutes les exigences du moment, à savoir : se rendre aux désirs des invités ; aider les dames à monter en voiture, les entourer de mille soins et de mille prévenances, voilà le rôle du garçon d'honneur.

C'est lui qui a l'avantage d'accompagner la demoiselle d'honneur à la quête.

Dans cette circonstance, la demoiselle d'honneur prend la bourse en velours de la main droite, et confie son bouquet et son livre au garçon d'honneur. Celui-ci tient la demoiselle d'honneur par la main gauche, et s'incline chaque fois qu'elle remercie les personnes qui lui donnent l'offrande.

La quête étant terminée, il conduit la demoiselle d'honneur à la sacristie pour remettre sa bourse, et lui offre le bras pour la mener à sa place, où ils se saluent mutuellement.

Le garçon d'honnenr a encore des devoirs à remplir à la sortie de l'église ; il doit veiller à ce que les voitures soient convenablement placées.

C'est lui qui, le soir, au souper de noce, veille à l'accomplissement du service. C'est encore au garçon d'honneur qu'incombe le devoir de s'occuper de l'organisation du bal et de veiller à ce que tout s'y passe d'une manière honnête et convenable. Il est chargé du carnet de la mariée, il y inscrit le nom des personnes qui désirent danser avec elle, le remet quelque temps plus tard à la mariée. Son véritable plaisir ne commence qu'au moment où la bienséance l'oblige à inviter la demoiselle l'honneur.

Le garçon d'honneur a offert le bouquet que la demoiselle porte à l'église ; il a dû aussi lui offrir un cadeau aussi beau que sa position le permet.

§ 7. — Devoirs généraux.

Lorsque l'on assiste à une messe de mariage,

chacun doit avoir un maintien grave et recueilli. Les dames doivent se distinguer par l'élégance et la décence de leur parure.

La cérémonie du mariage terminée, on passe dans la sacristie. Toutes les personnes conviées à la messe du mariage doivent suivre les mariés. Il faut se garder d'y chuchoter, d'y rire, de parler trop longtemps aux mariés.

Le marié présente à la mariée les personnes de sa connaissance, et la mère de la mariée présente ses amis au marié.

En sortant de la sacristie, le marié donne le bras à la mariée. Le père ou le premier témoin du marié donne le bras à la mère de la mariée.

Le marié et la mariée montent les premiers en voiture avec la famille du marié.

La seconde voiture est pour la famille de la mariée.

Les repas qui suivent le mariage, la soirée et le bal, sont ordinairement à la charge de la famille de la mariée. On y déroge quelquefois; cela dépend des arrangements faits entre les deux familles.

Au repas du soir le marié et la mariée sont placés à table vis-à-vis l'un de l'autre.

La mariée a, à sa droite, le père de son mari; le marié a, à sa droite, la mère de la mariée et à sa gauche sa mère à lui.

Les témoins sont placés le plus près possible des mariés,

Si l'on a invité une personne de distinction, elle doit prendre place à côté du marié si c'est une femme, et à côté de la mariée si c'est un homme. Il est d'usage de porter à la fin du dîner un toast aux mariés : c'est un des témoins de la mariée qui porte le toast à la jeune femme. C'est l'un des témoins du mari qui porte celui du jeune époux.

Quelquefois le marié et la mariée font le tour de la table pour trinquer avec les invités.

La mariée ouvre le bal avec la personne la plus honorable de l'assemblée.

Le marié et la mariée se placent en face l'un de l'autre; ils dansent ensemble la seconde contredanse.

Vers la fin de la soirée la mariée se retire

mystérieusement accompagnée de sa mère et d'une ou plusieurs proches parentes. Les gens de la noce ne doivent pas sembler s'en apercevoir.

§ 8. — Conseils divers.

Il est bienséant qu'une veuve attende deux ans, c'est-à-dire que son deuil soit terminé, avant de se remarier, et qu'un veuf attende six mois au moins.

Une veuve doit se marier sans aucune pompe ; si c'est un veuf qui épouse une jeune fille l'étiquette peut être la même que celle des autres mariages.

La toilette du mariage d'une veuve devra être simple et peu voyante. Une robe noire cependant serait de mauvais goût.

Quand une demoiselle se marie après avoir passé l'âge ordinaire, la cérémonie de son mariage devra être des plus simples.

Les nouveaux mariés sont dans l'usage de faire des visites de noces dans la quinzaine et en grande toilette.

La lettre de faire part s'envoie après la noce par les parents de la mariée et ceux du marié.

L'usage de faire des noces fastueuses a presque entièrement disparu dans la bonne société.

Un repas de noce exige une grande décence; il ne faut chanter, dans cette assemblée de famille et d'amis, aucune chanson licencieuse, et se garder de tenir aucun propos sur le changement d'état de la mariée. Un homme bien élevé ne se permet pas même la plus légère allusion sur ce sujet.

Les mariés, pour tout ce qui est relatif au cérémonial, doivent se soumettre aux coutumes des localités.

Si, par une raison quelconque, on ne peut assister à la cérémonie de mariage, il est bienséant d'adresser une lettre d'excuse à la famille dont on a reçu une invitation.

On doit également envoyer une carte lorsque l'onaccepte le bal.

A moins d'être malade, il est peu convenable de quitter l'église pendant la messe du mariage. Il faut attendre afin de pouvoir féliciter les mariés à la sacristie.

Les invités à l'église ne doivent pas s'y présenter avant l'entrée des mariés.

Quand une veuve se remarie avant l'expiration de la première année de son deuil elle ne doit inviter personne au service du bout de l'an de son premier mari. Elle ne doit pas faire de visite de cérémonie pendant toute la durée de son grand deuil.

CHAPITRE III

DÉCÈS ET ENTERREMENTS.

§ 1. — Premières formalités.

Quelques heures après la mort de la personne que l'on a perdue, il faut aller à la mairie faire la déclaration du décès.

L'acte de décès sera dressé par l'officier de l'état civil sur la déclaration de deux témoins. Ces témoins seront, s'il est possible, les deux plus proches parents ou voisins, ou lorsqu'une personne est décédée hors de son domicile, la personne chez laquelle elle sera décédée, un parent ou autre.

Dès qu'on a perdu quelqu'un de sa famille, on doit en faire part à tous ceux qui ont eu des relations d'affaires ou d'amitié avec le défunt. Cette invitation se fait ordinairement au moyen d'une lettre de faire part.

Les parents, les amis intimes, seraient justement blessés d'être avertis de cette manière. Ils doivent l'être de suite et particulièrement.

En ce qui touche les dépenses du service mortuaire, on doit agir d'une manière raisonnable; il ne faut pas trop de parcimonie ; mais un luxe exagéré peut faire supposer l'orgueil, la vanité.

Les personnes invitées se rendent à la maison du défunt en habit de deuil. Les messieurs se groupent ensemble, les dames se placent les unes auprès des autres.

En entrant dans la maison mortuaire, on salue sans rien dire et l'on reste en silence jusqu'à ce qu'on vienne avertir que l'heure est arrivée. Il serait impoli de ne pas assister à cette cérémonie funèbre si l'on y a été invité.

§ 2. — Cortège funèbre.

Quand le cortège se met en marche, les parents les plus proches sortent les premiers et se se placent près du cerceuil; en passant devant les invités, un salut silencieux doit être échangé.

On suit le convoi funèbre jusqu'à l'église; on doit marcher la tête découverte, en silence, avec un maintien triste et recueilli. Si le temps est froid, ou s'il pleut, on peut mettre son chapeau sur sa tête pour suivre le convoi.

D'ailleurs les usages varient selon les localités; on doit se conformer à ceux du pays où l'on est.

Ordinairement une épouse, une mère, n'assistent pas à l'enterrement de celui qu'elles ont perdu; mais si elles peuvent trouver dans leurs sentiments de piété la force d'aller jusqu'à l'église, leur courage devient un sujet d'édification.

Les femmes qui portent une affection véritable à la famille du défunt et qui n'assistent point à la cérémonie religieuse des funérailles, doivent pendant ce triste moment porter le secours de leurs consolations à un père, à une mère, ou à une épouse en proie à la douleur.

On doit, autant que possible, assister à la cérémonie funèbre à laquelle on est invité, lors même que l'on n'ait eu, avec le défunt, que quelques rapports peu suivis; votre présence procurera toujours à la famille une satisfaction dont elle vous saura gré.

Les dames convoquées à un enterrement peuvent ne pas aller à la maison du défunt et se rendre directement à l'église.

Quand le défunt est un grand personnage, les coins du drap mortuaire sont portés par les personnes les plus haut placées parmi celles qui assistent au convoi.

Lorsque le défunt est un parent ou un ami on doit l'accompagner jusqu'au cimetière; pour toute autre personne on peut quitter le convoi en sortant de l'église.

A la mort d'une jeune personne, ses amies et compagnes, vêtues de blanc, figurent au premier rang dans le cortège funèbre; elles doivent accompagner le corps non seulement à l'église, mais jusqu'au cimetière.

A la rencontre d'un convoi funèbre, les hommes doivent se découvrir la tête et les femmes s'incliner avec respect.

Les visites que l'on rend à la famille en deuil se nomment *visites de condoléance;* elles exigent des vêtements de deuil.

Si l'on n'est pas sur les lieux, quand on apprend la mort de quelque personne avec qui l'on a été lié et dont on connaît assez particulièrement la famille, la civilité prescrit d'adresser sur-le-champ une lettre de condoléance aux plus proches parents, ou une carte à la famille.

§ 3. — Du deuil.

Par cela seul que la vie de famille nous procure des joies nombreuses et variées, elle entraîne après elle une foule d'afflictions. La maladie, les revers de fortune, les inquiétudes rongeantes, etc., en viennent fréquemment troubler le cours.

Mais incontestablement, de toutes ces afflictions, la plus poignante est celle que le *deuil* nous apporte. Qu'est-ce que la perte de la fortune, que sont les plus grandes privations, les plus pénibles déceptions, que sont toutes ces épreuves comparées à la perte d'un membre de la famille! Quel moment que celui où ces lèvres qui nous adressaient de si douces paroles se ferment pour jamais, où cette main qui, en serrant la nôtre, nous rendait le courage, est glacée, où ces traits chéris sont frappés d'une solennelle immobilité!

Cette chère dépouille, on ne peut même la conserver! Il faut la conduire au lieu du repos et du silence, la voir descendre dans les ténèbres du sépulcre.

Le *deuil*, dans la véritable acception de ce mot, est un sentiment, une affliction pénible, une tristesse de l'âme que nous fait éprouver la mort de nos parents et de nos amis. Les habits lugubres qu'on porte en cette occasion, et que l'on appelle *deuil*, ne sont que des signes extérieurs de ce que doit éprouver le cœur.

Le deuil extérieur est une institution qui tient à toutes les lois dont l'observation dépend de la morale religieuse.

L'usage ne veut pas qu'on porte le deuil d'un ami, bien qu'une telle perte soit quelquefois bien douloureuse. Mais le deuil extérieur doit être rigoureusement observé lorsque nous avons perdu quelque parent. Plus ce parent nous touche de près, plus nous devons cette marque d'affliction à sa mémoire.

Il y a le grand deuil et le deuil ordinaire.

On ne porte le grand deuil que pour père, mère, grand-père, grand'mère, mari, femme, frère, sœur.

Le deuil pour père et mère est d'un an; pour grand-père et grand'mère, six mois ; pour un mari, deux ans; pour une épouse, un an; pour un enfant, un an; pour frère et sœur, quatre mois; pour oncle et cousin, trois mois,

Le grand deuil est partagé en trois périodes dont la durée varie suivant la personne que l'on a perdue. Pendant la première période, les femmes portent de la laine noire; pendant la seconde de la soie noire, et pendant la troisième, qui est le petit deuil, le noir et le blanc coupés.

Dans les maisons riches, on doit mettre les domestiques en grand deuil, à l'occasion de la mort de leur maître.

Toutes les personnes en deuil, doivent s'abs-enir de toute espèce de fêtes pendant tout let temps du deuil. Ce serait témoigner peu de respect pour la mémoire du défunt que de se montrer dans les réunions avec ses vêtements de deuil; il serait plus condamnable encore de les quitter volontairement pour se mêler à des parties de plaisir.

Une veuve ne doit pas paraître dans le monde durant les premiers temps de son deuil; elle ne doit le faire d'abord que pour rendre de simples visites de reconnaissance aux personnes qui lui ont témoigné de l'intérêt.

QUATRIÈME PARTIE

Usage du monde.

On entend par le mot *monde* la société des hommes ou une partie de cette société.

Alors il se compose des gens distingués par l'esprit, la science, par un talent quelconque, des agréments personnels, et ceux de la civilisation, par la politesse et la bienséance.

Être appelé un *homme du monde*, c'est recevoir un éloge; avoir l'usage du monde, c'est savoir plaire par toutes les apparences de la vertu, par son indulgence, sa sérénité, sa délicatesse, son affabilité.

Si nous connaissions le fond et l'intérieur du monde, si nous pouvions entrer dans le détail secret de ses soucis et de ses noires inquiétudes;

si nous pouvions percer cette première écorce qui n'offre aux yeux que joie, que plaisirs, que pompe et magnificence, que nous le trouverions différent de ce qu'il paraît! Le père divisé d'avec l'enfant, l'époux d'avec l'épouse, le secret des familles ne cache aux yeux du public que des antipathies, des jalousies, des murmures, des dissensions éternelles, Les amitiés y sont troublées par les soupçons, par les intérêts, par les caprices; les engagements les plus tendres y finissent par la haine et la perfidie; les fortunes les plus brillantes y perdent tout leur agrément par les assujettissements qu'elles exigent.

Allez dans qnelque maison du monde que ce soit, vous y voyez des gens de différentes conditions ou de différents états; supposez-y un militaire, un financier, un homme de robe, un ecclésiastique, un savant qui n'a que sa science; ils ont beau être ensemble, tout réunis qu'ils sont, ils ne se mêlent point, jamais ils ne se confondent; ce sont toujours des étrangers les uns pour les autres. L'un interroge hardiment;

l'autre attend pour parler qu'on lui parle; celui-ci décide et ne sait ce qu'il dit; celui-là a raison et n'ose le dire; aucun d'entre eux ne perd ce qu'il est.

> Quelle misère!
> On entre dans le monde, on en est enivré;
> Au plus frivole accueil on s'en croit adoré,
> On prend pour des amis de simples connaissances;
> Oh! Que de repentir suivent ces imprudences!
> Il faut pour votre honneur que vous y renonciez,
> On vous juge d'abord par ceux que vous voyez;
> Ce préjugé s'étend sur votre vie entière,
> Et c'est des premiers pas que dépend la carrière.
>
> (Gresset.)

Le monde, en général, et avec beaucoup de raison, se formera une idée de votre mérite sur celle qu'il a de vos amis. Il a y un proverbe qui dit: *Dites-moi qui vous fréquentez, je vous dirai qui vous êtes;* en effet, chaque homme devient, jusqu'à un certain point, ce que sont ceux avec qui il converse: il prend leur avis, leurs manières et même jusqu'à leur façon de penser. Il est donc de la plus haute importance que le jeune homme qui veut acquérir l'usage, la tournure et les manières d'un homme du monde, ne fréquente que de bonnes sociétés. Toutes ces qualités extérieures, il les acquerra insensiblement en fréquentant la bonne compagnie et en faisant attention aux caractères et aux manières des personnes qui la composent. Pour peu qu'il les observe avec soin, il les égalera bientôt. Il n'est rien dans le monde qu'on ne puisse acquérir avec un peu de soin et d'application.

Le premier pas, mon fils, que l'on fait dans le monde,
Est celui dont dépend le reste de nos jours.
Ridicule une fois, on vous le croit toujours ;
L'impression demeure. En vain croissant en âge,
On change de conduite, on prend un air plus sage !
On souffre encore longtemps de ce creux préjugé ;
On est suspect encore lorsqu'on est corrigé ;
Et j'ai vu quelquefois payer dans la vieillesse,
Le tribut des défauts qu'on eut dans la jeunesse.
Connaissez donc le monde et songez qu'aujourd'hui
Il faut que vous viviez moins pour vous que pour lui.

(Voltaire.)

CHAPITRE I

CIVILITÉ.

La civilité, dont le principe est au fond du cœur, est une bienveillance générale pour tout le monde; une disposition naturelle qui nous engage à témoigner à chacun toute l'estime et tous les égards qui lui sont dus selon la condition et le rang qu'il tient dans le monde.

La civilité, consistant en certains usages communs à tous les hommes, peut se concilier avec le manque d'éducation.

Voici quelles sont les règles générales de la civilité :

1° Oter son chapeau quand on salue ou qu'on est en compagnie;

2° Rendre le salut à ceux qui vous ont salué;

3° S'arrêter pour céder le pas à une dame, à un vieillard;

4° Ne pas s'approcher de la cheminée de manière à empêcher les autres de se chauffer, et céder soit à un vieillard ou à une dame le fauteuil et se contenter d'une chaise;

5° Ne pas mettre de véhémence ou de passion dans les discussions quelles qu'elles soient;

6° Éviter tout langage licencieux, les expressions triviales, avoir un langage bienséant, affable, un choix délicat dans les expressions, mais sans affectation ni pédanterie.

L'absence aussi bien que l'excès de civilité sont deux défauts : l'un nous blesse, l'autre nous importune ; et si le premier indique un homme grossier, le second peut faire supposer un homme affecté et dissimulant la sincérité.

CHAPITRE II

POLITESSE.

La politesse est aux actions ce que la grâce est à la beauté : elle se manifeste par l'observation soutenue, mais sans affectation, des usages généralement adoptés dans la société. Elle est, dit Duclos, l'expression des vertus sociales, si elle est vraie.

La politesse est le fruit d'une bonne éducation, d'un commerce habituel avec des gens bien élevés ; elle jette dans le commerce du monde beaucoup de vivacité et de charmes.

On a établi une distinction entre la politesse et la civilité. La politesse est le fruit d'une bonne éducation, d'un commerce habituel avec les gens bien élevés. La civilité est dans le témoignage extérieur de certains égards que l'on croit devoir aux autres et à ceux surtout que l'on regarde au-dessus de soi. La civilité ne suppose pas la politesse, mais la politesse suppose toujours la civilité.

La politesse prête quelquefois son voile à la fausseté, à la bassesse, à la flatterie. La civilité, plus austère, et presque toujours naïve, n'a point de pareils dangers.

La politesse et la civilité sont l'objet le plus important de l'éducation. C'est la politesse qui pourra prévenir les gens en notre faveur à la première vue. Cette politesse ne consiste pas en de basses révérences et en des cérémonies affectées, mais dans une manière de se présenter aisée et respectueuse.

La politesse s'apprend par l'usage du monde. L'usage du monde fait sur notre langage, sur nos habitudes, sur nos manières, ce que le rabot ou la lime fait sur le bois et les métaux.

Rien n'est tel, dit Mme Guy, que d'avoir passé sa première jeunesse parmi des gens distingués ;

non seulement on en reçoit des leçons d'une politesse facile, mais on prend involontairement les manières, le ton, et je ne sais quoi de naturel, d'élégant et même d'imposant qui ne s'acquiert que parmi eux.

CHAPITRE III

BIENSÉANCE.

La bienséance embrasse toutes les actions de la vie ; elle veut que nons soyons modéré dans nos plaisirs, circonspect dans nos discours et toujours ennemi de ce qui blesse notre devoir.

Les principales règles de la bienséance sont :

1° De ne pas affecter une mise au-dessus ou au-dessons de notre état ;

2° De témoigner aux autres les attentions et les égards auxquels ils ont droit ;

3° De ne pas aborder d'un air enjoué les personnes que l'on sait avoir des sujets particuliers de tristesse ;

4° De ne pas affecter des airs dédaigneux et pleins de fierté ;

5° D'éviter le trop grand nombre de paroles, les explications, les digressions, tout cela déplaît et impatiente ;

6° De parler avec beaucoup de simplicité et jamais avec chaleur, et ne prendre la parole qu'à son tour, et d'avoir bien soin de ne pas interrompre ceux qui parlent ;

7° De prendre toujours le parti de la justice et de la raison ; d'y appeler les autres par un air de douceur et de condescendance qui n'ait rien d'affecté ;

8° De ne point s'emparer seul de la parole chaque fois que l'on agite un sujet nouveau ;

9° De laisser la parole à celui ou à celle qui parle, et de ne parler que lorsque l'interlocuteur a fini ;

10° D'éviter, autant que possible, de parler bas à ceux près de qui on est placé ;

11° De parler peu, mais à propos. Un grand parleur fatigue, un homme taciturne ennuie ;

12° De ne pas parler de soi. Qu'est-ce que

nous pouvons dire de nous avec bienséance? Si nous parlons de nos vertus, de nos talents, nous ennuyons et nous nous rendons ridicule ;

13° De ne pas, lorsque quelqu'un parle, tirer une lettre de sa poche, regarder l'heure qu'il est, battre le tambour avec ses doigts, fredonner un air ;

14° De ne point prendre dans la conversation des airs affectés ; il convient d'avoir un langage toujours aimable, doux et honnête.

CHAPITRE IV

CONVERSATION.

La conversation est un échange de nos idées, de nos sentiments par la parole ; c'est un entretien familier entre une ou plusieurs personnes ; cet entretien a des règles et des bienséances qu'on doit observer, si l'on veut plaire à ceux qui nous écoutent. Une excellente conversation ouvre toutes les routes de l'esprit et de l'âme. La conversation est le principal et peut-être le seul moyen de plaire dans le monde.

§ 1. — Des règles de la conversation.

Tracer toutes les règles de la conversation, ce serait une tâche bien périlleuse ; on risquerait ou d'aller trop loin ou de rester en deçà des devoirs qu'impose à cet égard la bonne compagnie. Aussi nous bornerons-nous à rappeler quelques principes qui touchent plutôt au savoir-vivre qu'à l'art de causer.

Le ton de la bonne conversation doit être coulant et naturel, n'être ni pédant ni frivole ; être savant sans pédanterie, gai sans tumulte, poli sans affectation, badin sans équivoque. On y parle de tout pour que chacun ait quelque chose à dire ; on n'approfondit point les questions, de peur d'ennuyer, on les propose comme en passant, on les traite avec rapidité : la précision mène à l'élégance ; chacun dit son avis et l'appuie en peu de mots ; nul n'attaque avec chaleur celui d'autrui ; nul ne défend opiniâtrément le sien ; on discute pour s'éclairer, on s'arrête avec la dispute ; chacun s'instruit, chacun s'amuse ; tous s'en vont contents ; et le sage même peut rappeler dans ces entretiens des sujets dignes d'être médités en silence (Rousseau).

Ordinairement les gens qui savent peu parlent beaucoup, et les gens qui savent beaucoup parlent peu. Il est naturel de croire qu'un ignorant trouve important tout ce qu'il voit et le dise à tout le monde; mais un homme instruit n'ouvre pas aisément son répertoire, il en aurait trop à dire; et comme il voit encore plus à dire après lui, il se tait.

Il y a parler bien, parler aisément, parler juste, parler à propos : c'est pécher contre ce dernier genre que de s'étendre sur un repas magnifique que l'on vient de faire devant des gens qui sont réduits à épargner leur pain; de dire des merveilles de la santé devant des infirmes; d'entretenir de ses richesses, de ses revenus, de ses ameublements, un homme qui se trouve dans une extrême médiocrité; en un mot de parler de son bonheur devant des gens qui n'ont que des peines.

Une société de personnes spirituelles et polies, réunies pour s'entretenir ensemble et s'entretenir dans une conversation agréable, par la communication mutuelle de leurs idées et de leurs sentiments, m'a toujours paru, dit Delille, la plus heureuse représentation de l'espèce humaine et de la perfection sociale. Là chacun apporte son désir et ses moyens de plaire, sa sensibilité, son imagination, son expérience, le tout embelli par la politesse est contenu dans la décence; là, se montre un instinct mutuel d'affections bienveillantes, un doux sentiment de confiance, inspiré par le caractère, et fortifié par l'habitude.

On doit, dans la conversation, éviter toute polémique sérieuse, surtout en politique et en religion ; eussiez-vous mille fois raison, cédez de bonne grâce quand vous voyez qu'une discussion devient irritante et peut dégénérer en querelle.

Savoir écouter est presque aussi indispensable que savoir parler ; et c'est particulièrement là que l'on reconnaît l'homme de bon sens et de bonne compagnie. Si vous voulez qu'on vous écoute, écoutez les autres, au moins ayez-en l'air.

Rien n'est plus impertinent que d'interrompre celui qui parle, soit pour relever une erreur de faits ou de date, soit pour aider à sa mémoire et lui souffler un mot qu'il paraît chercher. Couper la parole à quelqu'un pour finir une histoire qu'il a commencée bien ou mal, est de la dernière grossièreté. Si l'on a une observation d'une importance réelle à faire, on la fait en y mettant toutes les formes de la politesse.

Une personne de bonne compagnie ne prend jamais la parole qu'à son tour; et son langage est toujours aimable, doux, honnête, sans affectation de supériorité; elle se garde bien, si elle est instruite, de faire parade de son esprit, et cherche au contraire à se mettre à la portée des personnes qui l'écoutent.

A moins d'en être prié, il ne convient pas de parler de ses études particulières, d'un art quelconque, sous peine d'endormir d'ennui tout l'auditoire.

Il est incivil de faire recommencer quelqu'un qui parle, sous prétexte que l'on n'a pas entendu. Rien n'est plus inconvenant que ces questions :

Comment dites-vous? je ne vous ai pas entendu; seriez-vous assez bon pour répéter?

Il est malhonnête, pendant une conversation générale, de tirer à part une personne pour lui parler en particulier; il est encore plus impoli d'écouter deux personnes qui causent à l'écart; on doit dans ce cas s'éloigner d'elle sans affectation.

Soyez le plus bref possible dans vos récits, surtout quand il s'agit de choses de peu d'importance; évitez surtout les digressions inutiles. Soyez extrêmement patient pour écouter jusqu'à la fin de leurs récits les vieillards qui aiment à parler longuement.

Le silence, la modestie, une prudente réserve, sont généralement des qualités très précieuses; mais elles sont particulièrement dignes d'estime dans une femme et contribuent presque à l'embellir.

Les vices les plus redoutables, dans la conversation, sont le mensonge, la méchanceté, la calomnie, la médisance et, en général, tout ce qui peut nuire à des absents.

La sincérité, cette vertu qui empêche de parler autrement qu'on ne pense, est bien précieuse dans le commerce de l'amitié, et il serait bien à désirer, pour l'honneur de l'espèce humaine, qu'on la rencontrât dans toutes les relations de la vie.

La conversation, entre jeunes personnes surtout, doit être un entretien bienveillant, instructif même, mais sans prétention. Il doit s'y manifester un instinct réciproque d'affections douces et généreuses, qui produisent l'estime, la confiance, et les fortifient tour à tour.

Une jeune personne bien élevée, quand elle est admise dans une réunion, écoute sans distraction, avec respect, les personnes qui parlent, sans jamais les interrompre. Il est bien qu'elle ne se permette aucune question, même sérieuse et utile, si ce n'est en petit comité, et lorsque chacun fait silence.

Si on l'interroge, son devoir est de répondre modestement et de faire une légère inclination de tête à la fin de sa réponse, en signe de respect, particulièrement si elle vient de répondre à une personne beaucoup plus âgée qu'elle.

Quand elle sera autorisée à prendre la parole, elle évitera de trop hausser la voix, de trop gesticuler, de regarder trop fixement les personnes présentes, de rire aux éclats, de parler avec un ton trop décidé.

Si, en présence d'une jeune personne, la conversation prenait un tour inconvenant, elle devrait s'éloigner sans affectation, en emmenant avec elle les enfants, s'il s'en trouvait là, de peur qu'ils n'entendissent des choses capables d'éveiller en eux des idées fâcheuses.

§ 2. — Du langage.

Les qualités du langage sont la pureté, la clarté, la précision, le naturel, la noblesse, la douceur.

La *pureté* consiste à faire usage des mots et des constructions approuvées par la grammaire et la langue qu'on parle; à éviter des tours et des termes qui ont vieilli; à rendre les pensées par des expressions qui leur sont propres; à éviter les équivoques, etc.

La *clarté* est de bien rendre compte de ses idées. Il est difficile à ne pas rendre nettement ce que l'on conçoit bien. Le discours, a dit un célèbre écrivain, doit être clair pour ceux même qui écoutent avec négligence. L'emploi des expressions scientifiques, le trop grand désir de montrer de l'esprit sont souvent une source d'obscurité. Car, comme a dit Boileau.

Ce que l'on conçoit bien s'énonce clairement,
Et les mots pour le dire arrivent aisément.

La *précision* consiste à exprimer sa pensée avec le moins de termes qu'on peut et avec les termes les plus justes. L'esprit veut connaître ; rien n'est plus impatient que lui, quand il attend. Le langage précis est opposé au langage diffus, qui consiste à dire peu avec beaucoup de paroles.

Le *naturel* consiste à rendre ses pensées, ses sentiments sans effort et sans apprêt. L'expression même la plus brillante perd son mérite dès que la contrainte ou la recherche s'y laisse apercevoir. L'affectation d'esprit détruit le naturel.

La *noblesse* du langage consiste à éviter les expressions basses et les idées populaires. L'élévation des sentiments amène la noblesse du langage. Des âmes sans cesse nourries de gloire et de vertu doivent naturellement avoir une façon de s'exprimer analogue à l'élévation de leurs pensées.

Le seul moyen de se former une idée juste du langage noble, c'est de fréquenter le monde cultivé et poli.

La *douceur* est une des premières qualités que doit avoir le langage : on dit que le langage est doux lorsque les choses y sont dites avec tant de clarté, que l'esprit ne fait aucun effort pour les concevoir. Pour donner cette douceur au langage, il ne faut rien laisser désirer à celui qui écoute : on doit débrouiller tout ce qui paraît l'embarrasser, prévenir les doutes.

Les imperfections du langage sont tout ce qui blesse la pureté, la netteté, la clarté, la précision, le naturel, la noblesse. Partout où ces qualités ne se rencontrent pas, il y a imperfection de langage, c'est-à-dire ou barbarisme, ou solécisme, ou équivoque ou amphibologie.

Le *barbarisme* est une faute contre la pureté du langage, l'emploi d'un mot inusité, d'une locution vicieuse.

Le *solécisme* viole les règles établies par la syntaxe.

L'*équivoque* est un double sens qui peut recevoir plusieurs interprétations. Le langage équivoque est coupable quand il a pour objet de tromper, de faire prendre le change sur les pensées qu'on veut émettre, et d'abuser de la confiance des personnes trop honnêtes pour soupçonner un piége aussi lâche.

L'*amphibologie* rend le langage ambigu, obscur, qui peut le faire interpréter en deux sens différents et tout à fait opposés.

Dans le langage on fait encore usage des descriptions et des narrations.

La *description* est l'action de dépeindre. Ainsi on décrit de quelle façon est situé un pays, de quelle manière s'est passée telle ou telle chose; on décrit une cérémonie, une bataille; on décrit un site, une ville; on décrit les mœurs d'une nation, le caractère d'un individu.

Les descriptions ne doivent être ni communes ni vulgaires; elles doivent être capables d'attacher l'esprit et d'exciter l'attention; présenter des images vives et frappantes, et caractériser fortement l'objet décrit. Aucune description perdue dans la généralité ne peut être bonne.

La *narration* est le récit du fait arrivé. Le talent de narrer est le plus beau de tous les talents; mais aussi c'est le plus rare, quoique tout le monde croie le posséder et se mêle de l'exercer.

Rien n'attire l'attention d'une manière plus agréable, quand on a une certaine réunion de talents pour bien narrer, comme le bon sens, une gàieté franche, des idées claires, une grande facilité d'expression, une variété de gestes convenables.

Les qualités essentielles à toute narration

sont la brièveté, la clarté, la simplicité et l'intérêt.

La *brièveté* ne consiste pas seulement à être court, mais à dire ce qu'il faut, à ne rien omettre de ce qui peut éclairer la chose dont on parle et à ne rien dire de trop.

La *clarté* consiste à disposer les faits de manière qu'ils s'enchaînent naturellement.

La *simplicité* consiste à rejeter les longues réflexions.

L'*intérêt* du récit dépend de l'agrément du langage qui doit varier selon la nature du récit; triste ou gai, sérieux ou léger, et toujours être proportionné à l'importance du sujet.

Ainsi on partage les conteurs en diverses classes : le court, le verbeux, le hableur, l'insipide et le conteur excellent.

Le *conteur court* est celui qui dit beaucoup en peu de choses.

Le *conteur verbeux* est celui qui ne dit que peu de choses ou rien, dans une grande quantité de paroles.

Le *hableur* est celui qui se plaît à raconter

des choses qu'aucun homme ayant tant soit peu l'usage de sa raison ne peut croire. Cette humeur domine surtout chez les voyageurs et les glorieux.

Le *conteur insipide* est celui qui s'appesantit sur une fastidieuse relation de faits sans importance.

Le *conteur excellent* est celui qui, sans dire une parole de trop, dit tout ce qu'il faut dire; qui prend le ton le plus naturel; qui cherche à intéresser ou à amuser plutôt qu'à se faire applaudir, qui montre un jugement sûr et un esprit délicat.

Malgré ce qui vient d'être dit, ne mettez aucune affectation dans votre langage : parlez comme tout le monde.

Une faute très grossière de langage peut échapper à l'homme le plus instruit dans le feu de la conversation; s'il en rit lui-même, vous pouvez en rire avec lui ; s'il ne rit pas de sa faute, faites semblant de ne pas vous en être aperçu.

Parlez correctement votre langue si vous pouvez; mais ne soyez pas sévère sur la manière dont les autres la parlent. La langue française est tellement difficile qu'il n'y a pas dix hommes à Paris qui puissent se vanter d'en comprendre parfaitement les principes.

En société, ne reprenez jamais celui qui a fait une faute de français, sous peine de passer pour un pédant malhonnête.

Évitez, autant que vous le pourrez, les temps des verbes qui finissent, en *asse* et en *isse*; employez le moins que vous pourrez les mots techniques d'un art, d'une science ou d'un métier; servez-vous plutôt d'une périphrase afin de vous faire comprendre de tout le monde.

L'affectation du purisme est la plus sotte que l'on puisse rencontrer dans la société. N'adoptez pas non plus certains mots populaires quand notre langue en possède qui ont le même sens.

Dans le monde, on accueillera bien par hasard, et de temps à autre, un calembour, encore faut-il que le calembour soit spirituel, et qu'on ne puisse pas dire : Dieu, que c'est bête !

L'homme le plus spirituel devient bête quand il veut faire le beau parleur. La plupart des beaux parleurs manquent d'esprit; tous manquent de jugement. Les chercheurs d'esprit sont plus exposés que les autres à dire des bêtises.

Si vous voulez plaire, parlez simplement, mais dites des choses aimables. La société repousse les gens prétentieux. L'homme qui s'admire dans ce qu'il dit n'est que bien rarement admiré par les autres.

§ 3. — Des plaisanteries.

On appelle ainsi un badinage fin et délicat sur des objets de peu d'intérêt; l'effet de la plaisanterie ne peut être que de réjouir, pourvu que l'usage en soit modéré. La plaisanterie est permise dans la conversation pourvu qu'elle soit fine, légère et inoffensive. On ne doit se permettre la plaisanterie qu'avec des personnes polies et qui ont un esprit facile, car bien des gens sont toujours prêts à se fâcher et à croire qu'on se moque d'eux ou qn'on les méprise. La plaisanterie qui dégénère en grossièreté est bannie, à juste titre, de toute honnête compagnie. Les convenances et la paix de la société n'admettent que la plaisanterie douce, faite à propos, et ne l'autorisent jamais qu'entre égaux

Il importe que la plaisanterie ne tourne ni au sarcasme ni à la grossièreté : dans le premier cas, elle deviendrait facilement blessante ; dans le second, elle doit être bannie de toute honnête compagnie.

Comme il est fort difficile de manier convenablemeut la plaisanterie, il est prudent de s'en abstenir autant que possible. N'imitez point certaines personnes qui se font un jeu détestable de déverser le ridicule sur toutes les personnes qu'elles approchent. La raillerie, la moquerie, font presque toujours des blessnres plus ou moins profondes.

Quand on s'habitue à la moquerie, cette mauvaise habitude prise dans la première jeunesse influe sur toute la vie ; il est rare que le cœur des gens moqueurs reste bon et généreux.

La moquerie dénote, dans la plupart de ceux qui se la permettent, un manque d'esprit et d'usage; ce qui le prouve, c'est que les personnes moqueuses prennent fort mal la plaisanterie.

Il serait inconvenant qu'on se permît de plaisanter avec ses supérieurs; ce serait s'exposer à s'écarter du respect qui leur est dû. Des supérieurs doivent s'interdire également la plaisanterie à l'égard de leurs inférieurs; ce serait de leur part un défaut de générosité.

Si la plaisanterie douce, honnête et légère est une preuve d'esprit, la raillerie amère, le persiflage, prouvent le contraire et blessent d'ailleurs aussi bien les lois de la politesse que celles de la charité.

§ 4. — Compliments.

Il ne faut pas confondre avec la flatterie, vice pernicieux que la morale condamne à juste titre, les compliments que la civilité autorise, prescrit même dans certaines circonstances. Ils doivent être simples, naturels; et l'affectation ou l'emphase leur ôte tout leur prix.

A part quelques exceptions, les compliments

entre hommes sont de très mauvais goût et rendent aussi ridicules ceux qui les font que ceux qui les reçoivent, à moins qu'une légère teinte de plaisanterie ne les caractérise au passage.

On doit désapprouver toutes ces protestations, ces impétueuses caresses, qui cachent trop souvent une vaine apparence d'affection ou d'intimité.

Les femmes se laissent facilement prendre au piège de ces sortes de compliments, surtout lorsqu'ils exagèrent les agrément de leur personne.

En général, le naturel fait le charme des compliments de société, qui deviennent insipides, ridicules, quand ils sentent l'apprêt, la prétention, l'emphase.

Un jeune homme, ou une jeune personne, qui entend faire l'éloge de ses parents, doit y répondre en témoignant sa reconnaissance et en applaudissant modestement à cet éloge, mais sans y rien ajouter.

Les compliments, quand ils sont rares et tournés d'une manière fine et spirituelle, produisent un résultat satisfaisant ; ils jettent une sorte de grâce dans la société, et la grâce, lorsqu'elle est à sa place, ne gâte rien.

La modestie et le ridicule interdisent généralement de solliciter des éloges ; les femmes et surtout les jeunes personnes ne pourraient impunément enfreindre cette loi de la bienséance.

Pour l'enfant qui grandit, pour la jeune fille qui pense, des lettres d'amitié, de tendresse, de morale, font naitre dans son cœur des pensées pleines d'élévation ; l'aident à comprendre ses devoirs, à aimer Dieu et à épancher les sentiments de son cœur.

CHAPITRE V

VISITES.

§ 1. — Des visites en général.

L'usage des visites est et devait être recommandé par la civilité, puisque les visites ont l'avantage de rapprocher les hommes, d'établir et d'entretenir parmi eux des rapports plus intimes que ceux auxquels les affaires peuvent donner lieu monentanément.

On ne peut nier que les visites ne soient souvent très favorables aux réconciliations entre parents et amis divisés. Par exemple, l'usage des visites du jour de l'an rend presque toujours obligatoire un rapprochement évité ou négligé jusque-là.

Les visites indispensables sont : 1° celles aux personnes dont on vient de recevoir un service : ce sont des *visites de reconnaissance ;* 2° celles aux personnes chez lesquelles on a dîné ou été reçu en soirée, elles sont dues, que vous ayez accepté ou non la politesse qu'on vous a faite ; 3° celles à des amis et connaissances lorsqu'il leur arrive quelque chose d'heureux : ce sont les *visites de félicitations ;* 4° celles aux mêmes personnes lorsqu'il leur arrive quelque événement malheureux : ce sont les *visites de condoléance.* C'est aussi un devoir de visiter avec empressement des amis, lorsqu'ils ont le malheur d'être malades ; ceux-ci, à leur tour, dès qu'ils sont rétablis, doivent leur première sortie aux personnes qui les ont visitées le plus assidûment.

Pour les visites chez les parents et les amis intimes, la redingote peut suffire, mais dans les visites de cérémonie, l'habit noir est de rigueur. Les dames peuvent rendre visite le matin en demi-toilette et le soir en toilette ; s'il y a réception indiquée dans la maison où elles vont, il faut alors la grande toilette.

La civilité a fixé des termes de rigueur pour certaines visites; ne pas s'y conformer serait manquer de savoir-vivre. Les visites de bonne année peuvent se faire dans tout le cours du mois de janvier, mais les plus respectueuses se font la veille même du jour de l'an.

Les visites à la suite d'une soirée, d'un dîner appelés *visites de digestion*, se rendent dans la huitaine, ou dans la quinzaine au plus.

Les visites de noces se font dans la quinzaine qui suit le mariage, à moins que les mariés ne fassent un voyage. On ne doit de visite aux jeunes mariés qu'après avoir reçu la leur.

Quand on reçoit une invitation, que l'on en ait profité ou non, on doit, quelques jours après, faire une visite aux personnes de qui on l'a reçue.

Une personne à qui l'on ne rend pas sa visite doit s'abstenir d'en faire d'autres par la crainte d'être importune.

Une femme ne peut, en général, se permettre d'autres visites à un homme, que celles qu'autorisent une reconnaissance convenable, ou des rapports d'une ancienne et respectable amitié.

Une jeune personne ne doit point faire de visite sans l'agrément de ses parents qui ne manqueront jamais de lui prescrire à cet égard tout ce qui sera en harmonie avec les convenances. Elle ne doit point non plus faire de visite sans être accompagnée de sa mère ou d'une personne respectable qui lui en tienne lieu.

§ 2. — De l'arrivée.

En arrivant à la porte des personnes chez qui l'on va, le premier soin à prendre est de secouer la poussière de ses vêtements, et d'essuyer ses pieds sur le paillasson.

Ensuite il faut sonner ou frapper, mais très doucement, assez seulement pour être entendu. Si, après avoir sonné ou frappé deux ou trois fois, à quelques intervalles, personne ne vient ouvrir, il convient de se retirer, en laissant une carte de visite chez le concierge. Cette carte doit être écornée ou pliée sur le côté à gauche :

c'est ce qui indique que vous êtes venu en personne.

Si l'on trouve la clef à la porte, ou même la porte ouverte, il convient de frapper légèrement et d'attendre, à moins qu'on ne reçoive du dedans l'invitation d'entrer ou qu'il ne se présente quelqu'un pour introduire. Dans ce dernier cas, on dit son nom pour se faire annoncer.

Les femmes ne quittent jamais leur châle, ni leur chapeau avant que la maîtresse de la maison les y ait invitées.

Dans les visites prolongées, il est du devoir de celles-ci de les en débarrasser avec empressement.

On doit se lever, quoique étant chez les autres, lorsqu'une visite arrive ou lorsqu'elle part et même il faut rester debout jusqu'à ce que la maîtresse de la maison revienne à sa place.

Lorsqu'on entre dans un salon où il n'y a que peu de personnes, l'usage est de saluer d'abord la maîtresse de la maison, et aussitôt après les personnes qui sont chez elle, quand même on ne les connaîtrait pas, ce que l'on fait sans parler.

Ce serait une impolitesse, surtout de la part des jeunes gens et des enfants, de choisir les places les plus honorables et les sièges les plus commodes. ou d'occuper la cheminée, de manière à priver la société de la vue du foyer. Plus il y a de personnes âgées, plus on doit avoir d'égards et de réserve dans sa conduite.

Si, dans une visite, vous êtes seul avec le maître ou la maîtresse de la maison, s'il arrive une autre visite qui paraisse faire plaisir, restez encore dix minutes et retirez-vous.

§ 3. — De la durée.

Lorsque vous êtes en visite dans une maison, si vous voyez le maître tirer un papier de sa poche, chercher sur son bureau, regarder à la pendule avec un air distrait, allez-vous-en, n'y eut-il que cinq minutes que vous fussiez arrivé.

Si la personne à laquelle vous rendez visite se préparait à sortir, ne la retenez pas, et, quelque instance qu'elle vous fasse, retirez-vous aussi.

Si l'on vous reçoit dans une chambre à coucher, faute de salon, ne déposez pas votre chapeau sur le lit, dussiez-vous le garder à la main.

Dans une visite de cérémonie, laissez votre manteau et votre chapeau dans l'antichambre. Dans une visite ordinaire ne laissez dans l'antichambre que votre manteau ou votre par dessus et entrez avec votre chapeau que vous gardez à la main, jusqu'à ce que le maître ou la maîtresse de la maison vous aient dit de le déposer. Mais on ne doit jamais quitter ses gants pendant le temps que dure la visite.

Les visites, à certaines heures, sont incommodes ou inconvenantes. On doit surtout se régler sur les habitudes de la maison où l'on veut aller et s'abstenir, autant que possible, de faire des visites, soit dans la matinée, soit aux heures des repas.

La durée d'une visite doit être proportionnée à son utilité. Les visites de cérémonie ne doivent pas se prolonger au delà d'une demi-heure.

§ 4. — Du départ.

Dans une visite de cérémonie surtout, il faut s'interdire quelques formules vulgaires d'entrée et de sortie, qui décèlent la mauvaise éducation. On nedoit dire ni *bonjour*, ni *bonsoir*, ni *adieu*, ces expressions banales sont inconvenantes ; on ne peut se les permettre que dans une parfaite intimité.

Si un visiteur s'approche pour saluer une dame, elle se lèvera à demi, et fera une inclination de tête pour répondre à ce salut.

Quand on prend congé pour se retirer, on ne doit pas se donner la peine de remettre son fauteuil ou sa chaise en place au bout de la chambre; il faut laisser ce meuble où on l'a trouvé : tel est l'usage.

Pour se retirer en terminant sa visite, il faut ménager sa sortie par quelques mots de préparation, se lever, saluer comme on l'a fait à son entrée et s'éloigner avec une promptitude mesurée.

S'il y a nombreuse réunion, la sortie est plus

simple; on n'a qu'à se lever doucement, de manière à n'être aperçu que le moins possible, et cela autant par modestie que pour éviter le dérangement.

§ 5. — Devoirs des maîtres et des maîtresses de maison.

La personne à qui l'on fait une visite doit rendre politesse pour politesse, se lever à l'arrivée de la personne qui entre; aller avec prévenance au-devant d'elle; la faire asseoir sur le siège le plus commode; la placer près du feu; s'il fait froid, lui mettre sous les pieds un tapis, un tabouret, en un mot, user de toutes les attentions possibles, surtout si c'est une dame. Ces préceptes et ceux qui vont suivre, s'appliquent au maître comme à la maîtresse de la maison.

On doit éviter de s'occuper des soins du ménage pendant que l'on a du monde chez soi. Si l'on est forcé de travailler, on en demande auparavant la permission. Si l'on mange, il convient d'interrompre le repas, jusqu'à ce qu'on soit invité ou autorisé à continuer.

Une jeune personne ne doit pas se mettre à lire quand des amis sont en visite chez des parents. Il se peut que la conversation ne l'intéresse pas, mais elle ne doit pas le laisser soupçonner ; si elle travaille, elle doit avoir l'air d'écouter ce que l'on dit avec quelque intérêt.

Dans tous les cas, il faut traiter les personnes qui nous visitent avec une politesse bienveillante. Quand elles causeraient quelque dérangement, rien dans l'accueil qu'on leur fait, ne doit leur apprendre que leur visite est tout à fait inopportune, et qu'on les prie de l'abréger le plus possible.

Si l'on reçoit une lettre pendant qu'on a du monde, on ne doit la lire que dans le cas d'urgente nécessité, mais après en avoir demandé la permission aux personnes présentes ; encore doit-on se retirer un peu à l'écart.

Les personnes à qui l'on fait visite sont tenues de reconduire celles qui les visitent, au moins jusqu'à l'escalier ; elles doivent les suivre des yeux jusqu'à ce qu'elles aient disparu, après leur avoir adressé un nouveau salut.

On doit recevoir avec affabilité les domestiques qui viennent de la part de leurs maîtres. Par la manière dont on accueille un messager on prouve le cas que l'on fait de celui qui l'envoie, et cela du plus petit au plus grand.

La politesse exige que l'on rende toutes les visites que l'on reçoit; cependant entre proches parents ou entre amis, comme c'est un plaisir réciproque, il est mal de compter les visites.

§ 6. — Des visites de condoléance.

Quand une personne de nos amis a perdu quelqu'un de sa parenté qui lui est cher, si nous sommes intimement liés avec la famille du défunt, nous devons aller avec empressement lui porter le tribu de nos consolations. Une visite de condoléance est plus douce au cœur, dans ces moments d'affliction, qu'on ne le croit généralement. La tenue doit être généralement sévère et les vêtements de couleur sombre.

Les femmes ne sont point dispensées de ces visites de condoléance. Leur sensibilité même est quelque chose d'un salutaire effet dans ces tristes occasions. Il ne faut jamais dans une visite de condoléance emmener d'enfants avec soi.

Si vous êtes en voyage ou malade, vous devez remplacer la visite par une lettre aussi affectueuse que vos relations avec la personne vous le permettent.

Les visites de condoléance ne doivent pas dépasser un quart d'heure; on doit s'abstenir de parler du défunt à moins que la personne à laquelle vous faites cette visite ne vous en parle. Cette visite aura lieu dans la première quinzaine du décès.

§ 7. — Des visites aux malades.

La charité qui doit être le principe de tout acte de civilité, nous proscrit d'aller voir nos amis lorsqu'ils sont malades. C'est là surtout le moment de témoigner de l'intérêt, de l'affection aux personnes que nous aimons. Ce devoir concerne plus particulièrement les femmes parce qu'elles sont ordinairement d'un secours plus grand auprès du chevet des malades.

En général, les visites que l'on fait à des malades doivent être courtes, à moins qu'on ne soit utile. Il faut avoir l'attention de parler peu et bas et ne rien dire qui puisse inquiéter ou fatiguer le malade qu'on visite, écouter ses plaintes avec une tendre compassion en lui faisant entrevoir cette douce espérance du retour à la santé.

§ 8. — Des cartes de visite.

Beaucoup de personnes blâment l'usage des cartes de visite. On a cependant quelques bonnes raisons à leur opposer.

Sans doute entre amis intimes des visites faites par cartes seraient ridicules ; mais entre gens qui ont peu de relations ensemble, les cartes ont l'avantage de sauver souvent aux uns et aux autres une importunité en laissant une marque de déférence.

Les cartes sont aussi fort commodes quand la personne qu'on voulait visiter est absente ; elles constatent qu'on a voulu faire un acte de devoir ou de politesse.

Les cartes ont d'ailleurs le double avantage de satisfaire à la bienséance et d'économiser le temps. Les femmes en font usage aussi bien que le hommes.

Dans plusieurs cas et surtout dans les grandes villes les cartes évitent et remplacent les visites.

On doit envoyer sa carte chaque fois que l'on a reçu une lettre de naissance, de mariage ou de décès. On doit également une carte de visite toutes les fois que l'on accepte une invitation soit à un dîner, une soirée, un bal ou un concert.

Lorsque dans une soirée une personne vous a témoigné le désir de vous revoir, vous devez le lendemain lui envoyer votre carte de visite.

Lorsque l'on fait une visite et que l'on ne trouve pas les personnes, il est d'usage de mettre sa carte de visite, cette carte doit être écornée par un pli que l'on fait à gauche dans le sens de la largeur, ce pli indique que vous êtes venu en personne. Toutes les fois qu'une carte est écornée, on ne doit pas la mettre dans une enveloppe.

Les cartes cornées ne peuvent pas être mises les jours où les personnes reçoivent ni aux heures auxquelles elles sont chez elles, ce serait une impolitesse.

Les cartes bordées de noir sont celles que l'on emploie lorsque l'on est en deuil.

Les cartes de visite s'envoient par la poste sous enveloppes non cachetées.

CHAPITRE VI

REPAS.

§ 1. — Du repas en général.

Les gens tout spirituels regrettent le temps que les heures des repas consument ; ils voudraient qu'on ne fût assujetti ni au sommeil, ni à la soif, ni à la faim. Il serait fort noble, sans doute de ne vivre que d'esprit universel, mais à la longue, ce régime ne deviendrait-il pas fastidieux ?

Si l'homme n'avait pas de besoins, il aurait peu de jouissances. L'âme et le cœur ne trouvent pas toujours à s'exercer, ou s'exercent souvent d'une manière douloureuse. Le sommeil en suspend les chagrins et en remplit le vide. La table fait distraction aux affaires ennuyeuses. Un repas délicat dédommage un peu d'une conversation languissante. Si l'on ne buvait ni ne mangeait, que de maisons dans lesquelles on ne pourrait tenir un quart d'heure !

Lorsque l'on invite des personnes à un repas, il faut le faire au moins huit jours à l'avance ; cette invitation se fait par écrit à ses inférieurs ou ses égaux, mais on doit une visite à ses supérieurs.

Garder le silence sur une invitation par lettre, c'est accepter. Si l'on refuse, il faut répondre de suite et le faire avec beaucoup de politesse. Quand l'invitation a lieu de vive voix, il faut éviter de se faire prier ; on doit accepter ou refuser d'une manière franche et gracieuse.

Lorsqu'une circonstance vous force de renoncer à vous rendre à l'invitation acceptée, vous devez avertir le plus tôt possible et exprimer de vifs témoignages de regrets.

On doit manger pour vivre, et non vivre pour manger, et, autant que possible, régler ses repas et manger toujours aux mêmes heures.

L'intempérance détruit la santé, ruine la fortune, gâte les affaires, affaiblit la raison.

L'homme sobre trouve dans le travail d'honorables moyens d'existence : il vit indépendant; il est toujours sûr et content de lui-même ; son intelligence préside à sa volonté, il honore ceux dont il accepte les invitations ; on a pour lui, dans les repas, tous les égards que commande la délicatesse ; on est heureux s'il ne refuse pas.

Il ne serait pas difficile de prouver, par une multitude de faits, que la plupart des hommes périssent avant l'âge ou traînent péniblement leur vie sous le poids de la douleur pour s'être livrés habituellement et avec excès aux plaisirs de la table, et que ceux qui, au contraire, se sont contentés d'une quantité d'aliments simples, proportionnée aux besoins de leur corps, ont joui de la meilleure santé et ont vécu plus longtemps.

La grande règle de tempérance consiste à ne point prendre d'aliments au delà du besoin indiqué par la faim naturelle, et à ne faire usage que des plus simples.

Pas son maintenant aux règles de la civilité qui doivent être strictement observées, soit que l'on mange chez soi et sans cérémonie, soit que l'on mange chez les autres.

§ 2. — Conduite à table.

On ne doit se mettre à table qu'ayant les mains très propres.

Un jeune homme, une jeune fille, ne doit, même en famille, se mettre à table que lorsque ses père et mère et ses autres parents y auront pris place.

Pour avoir une tenue convenable à table, il faut ne se tenir ni trop près ni trop loin de son couvert, ne pas se renverser sur le dos de son siège, ne pas se tenir courbé, encore moins s'accouder sur la table ; on ne doit y poser que le poignet, sans y porter le poids du corps.

On ne doit pas se hâter de déplier sa serviette, il est bien d'attendre que d'autres personnes en aient donné l'exemple. La serviette est surtout destinée à préserver les vêtements des taches, on doit l'étendre sur soi. Les femmes, pour plus de précautions, la fixent avec une épingle sur un des côtés de la poitrine. On se sert aussi de sa serviette pour s'essuyer les doigts et la bouche. Il est inconvenant d'essuyer son couvert, à moins que ce ne soit au restaurant.

L'usage ne veut pas qu'on se serve de la fourchette en prenant le potage, et la civilité recommande de ne point humer, d'avaler chaque cuillerée sans mâcher, autant que cela est possible, de ne pas souffler dessus et d'attendre que le potage soit refroidi ; s'il est trop chaud, de le prendre toujours sur les bords de l'assiette, de ne point boire à même.

L'usage veut que l'on rompe son pain au-dessus de son assiette ; on ne doit pas le couper avec son couteau.

On ne doit pas manger avec avidité, ni mâcher les morceaux avec bruit. Il faut mettre ce qu'on ne mange pas sur le bord de son assiette et ne jeter par terre ni os, ni arêtes, ni quoi que ce soit. Si par hasard, on trouve quelque malpropreté dans les aliments, la civilité ordonne de la faire disparaître sans la montrer et sans rien dire.

Il n'est permis de prendre avec la main que les asperges, les artichauts, les radis, la pâtisserie et les autres mets qui ne sont pas susceptibles de se salir,

Il serait grossier et malpropre de mordre dans les fruits : il faut se servir du couteau pour les partager, les peler avant de les porter à la bouche et laisser les noyaux ou pelures sur son assiette. On juge très défavorablement les personnes friandes qui ne paraissent à table qu'avec une mine dédaigneuse.

Il n'appartient à personne de demander à être servi le premier, de marquer son impatience par un signe quelconque, d'indiquer les mets qu'on préfère, de porter les viandes à son nez ou de les donner à flairer.

C'est une curiosité gourmande de jeter les yeux sur l'assiette de son voisin, de paraître avide des morceaux qu'on lui a servis.

On doit avoir soin, à table, de ne pas gêner

ses voisins; il faut, au contraire, être avec eux plein de complaisance, et leur offrir avec empressement toutes les choses dont ils peuvent avoir besoin, comme du pain, du sel, du poivre, etc.

Quand, à table, on éprouve le besoin de boire, il faut tendre son verre à la personne qui verse à boire en le tenant de la main droite avec le pouce et les deux premiers doigts.

On doit éviter de laisser dans son verre, soit du vin, soit de l'eau, qui peut se renverser. Il faut donc ne pas se faire verser à boire plus qu'on n'en peut prendre chaque fois.

Un jeune homme, ou une jeune personne, placés auprès d'un vieillard ou d'une personne âgée, doivent s'occuper avec sollicitude de ce qu'elle désire, lui offrir toutes choses dont elle peut avoir besoin, en un mot la servir avec complaisance et empressement.

Quelqu'un de bien élevé doit éviter jusqu'à la moindre apparence de gourmandise.

Il est bon de se nétoyer les dents quand on a fini de manger, pourvu qu'on se retire un peu à l'écart et qu'on se serve d'un cure-dents, et non de la pointe d'un couteau ou d'une épingle.

Quand on a mangé chez soi en famille, il est du devoir de chacun de plier proprement sa serviette.

Le dîner de l'amitié doit être simple et sans recherche, à peu près comme un repas de famille. De vrais amis ne viennent chez vous que pour trouver des cœurs empressés à les fêter, des figures épanouies du bonheur de les voir, en un mot pour jouir de cette simplicité de réception qui s'allie si bien aux soins délicats et aux prévenances aimables. Ce serait mettre l'amour-propre à la place de l'amitié, de n'admettre ses amis chez soi que pour les rendre témoins de son faste et de son opulence.

§ 3. — Des repas de cérémonie.

On appelle repas de cérémonie ceux qui ont lieu par suite d'invitations faites à des personnes que l'on veut réunir à sa table.

Un maître, une maîtresse de maison, en invitant une personne à dîner, doivent éviter de lui dire qu'on la traitera sans cérémonie. Une telle invitation serait incivile, à moins que ce ne soit le seul moyen de déterminer la personne à accepter. Dans quelque position de fortune qu'on se trouve, il est bien facile de concevoir que, du moment où l'on invite à dîner une personne que l'on considère, on doit, sous peine d'être taxé d'inconvenance, faire de son mieux pour la bien recevoir.

Quand on accepte une invitation à dîner, il faut se piquer d'exactitude. Ce serait une grande malhonnêteté de se faire attendre.

§ 4. — De l'arrivée.

On doit arriver un quart d'heure avant l'instant indiqué ; en arrivant plus tôt, on gênerait la maîtresse de la maison ; plus tard, on déplairait, et on risquerait d'indisposer ceux qu'on a fait attendre

Pour passer dans la salle à manger, au signe

qu'on donne le maître ou la maîtresse de la maison, les dames doivent attendre qu'on vienne leur offrir la main, ou mieux encore le bras; conduites auprès de la place qu'elles doivent occuper, leur devoir est de s'incliner pour remercier celui des convives qui leur a donné la main ou le bras. Le maître de la maison entre toujours le premier pour se mettre à table, les convives le suivent; mais, pour passer de la table au salon, c'est la maîtresse de la maison qui donne le signal et passe la première.

Il n'est permis à qui que ce soit de choisir sa place à table. Quand elles sont désignées par des cartes nominatives, il y a de l'obligeance à aider les convives à trouver la leur.

Généralement c'est au maître, à la maîtresse de la maison, à placer leur monde, en appelant successivement les personnes aux principales places, suivant leur degré d'âge ou de rang, les dames et les hommes tour à tour, en rapprochant les personnes qui se conviennent le mieux.

Les principales places à table sont celles à droite et à gauche de la maîtresse de la maison, pour les hommes; puis celles à côté du maître, qui est placé vis-à-vis de la maîtresse de maison, pour les dames. Les principales places ensuite sont à portée du bout de la table, du côté opposé à celui de la porte par laquelle on fait le service.

On attend que la maîtresse de la maison ait donné le signal pour s'asseoir, mais les hommes ne doivent le faire que lorsque les dames sont assises. Il en est de même pour la serviette; on ne doit pas se hâter de la déplier, mais attendre que les dames en donnent l'exemple.

Pendant le repas, la maîtresse de la maison doit veiller à ce que le service se fasse avec ordre, avoir l'œil à tout, faire en sorte que chacun des convives puisse se passer de sa prévenance.

La personne à qui l'on fait passer une assiette contenant des morceaux tout coupés, doit la présenter à ses voisins, puis se servir promptement sans choisir.

Outre ces prescriptions relatives à la manière de manger, il y a encore une foule d'usages minutieux qui, bien que nés avec la mode et changeant comme elle, n'en ont pas moins une importance réelle; on aurait donc tort de négliger de s'en instruire : ce serait aussi manquer de savoir-vivre que de tourner en ridicule les personnes qui ignorent ces usages.

Ce serait une grossière incivilité que de s'emparer des huiliers, du sucre ou autres choses semblables quand le besoin s'en fait sentir.

Il serait ridicule de relever les manches de son habit avant de découper; de casser par le bout pointu les œufs frais; de rouler en petites boulettes de la mie de pain; de diviser son pain autour de soi en petits morceaux multipliés; de ramasser avec le pain la sauce restée dans l'assiette.

La personne à qui l'on passe une assiette de dessert ne doit pas se servir la première, à moins qu'elle n'en soit priée. On doit accepter sans résistance ce qu'offrent directement les maîtres de la maison.

Il est de mauvais ton d'offrir de partager une pêche, une pomme ou quelque autre fruit; cette familiarité de mauvaise compagnie est toujours répréhensible, si ce n'est entre amis intimes ou parents.

§ 5. — Des repas.

A table, un homme doit s'occuper des dames qui sont ses voisines. Il doit veiller à ce que rien ne leur manque, être prévenant, empressé, avoir mille attentions, mais sans affectation.

Si l'on manque de quelque chose, soit pain, vin, etc., on ne doit pas appeler le domestique mais le prévenir par un léger signe de tête.

Lorsque l'on a fini de manger, on pose son couteau et sa fourchette sur le porte-couteau, à moins cependant que le service n'exige que l'on change de couvert à chaque plat, ce qui a toujours lieu pour le poisson.

§ 6. — Toasts.

On peut porter un toast dans une réunion même de famille ; si le toast est porté par le maître de la maison à un homme, les invités soulèvent leur verre et s'inclinent en saluant.

Celui-ci se lève et salue le maître de la maison qui lui a fait cet honneur.

Si c'est une dame, elle ne se lève pas et se contente de saluer légèrement.

On ne trinque plus aujourd'hui.

Quand on a dîné en ville, il ne faut pas plier sa serviette en quittant de table; on la laisse sur la table.

Après dîné, lorsque tout le monde est rentré au salon, un domestique apporte le café qu'il dépose sur une console. La maîtresse de la maison s'empare de la cafetière et remplit les tasses des convives en commençant par les dames. On peut vous offrir une seconde fois, mais il y aurait impolitesse à en redemander.

CHAPITRE VII

SOIRÉES, JEU ET CONCERTS.

§ 1. — Des soirées.

Les soiréessont des réunions qui ont lieu ordinairement l'hiver, pour causer, jouer, faire de la musique, etc.

Dans les soirées où des amis sont rassemblés pour causer ou s'occuper de musique, etc., ni la toilette ni l'étiquette n'y sont exigées. La gaieté, un vrai plaisir, en font tous les frais. Ce sont là les soirées les plus agréables.

La grande timidité dans les réunions passe souvent pour de la niaiserie, et la fanfaronnerie pour de l'arrogance et de l'effronterie. Il faut donc non seulement éviter les défauts que condamne la société, mais encore s'efforcer d'acquérir ce maintien honnête que donne la bonne éducation.

La toillette, modeste en toutes circonstances, doit être en rapport avec le plus ou moins de cérémonie qui doit présider à la réunion pour laquelle on est invité.

Mais dans les grandes soirées, dans les soirées dansantes, une toillette élégante est de rigueur.

Une femme bien élevée doit arriver dans un salon modestement et silencieusement, et tâcher de ne point attirer les regards, soit par des éclats de voix, soit pas des minauderies ou toute autre démonstration annonçant qu'elle a le désir de fixer l'attention.

Si elle se trouve entourée de femmes qu'elle ne connaît point, elle doit attendre que celles-ci lui adressent la parole, et leur répondre simplement et avec douceur, indiquant qu'elle est reconnaissante de leur bienveillance.

Quand une jeune personne prend plaisir aux amusements d'un salon, il faut qu'elle se montre d'une joie modérée; si elle s'ennuie, qu'elle étouffe ses bâillements de manière qu'on ne s'en aperçoive pas, et qu'elle se félicite intérieurement de préférer l'étude ou la vie de famille aux réunions bruyantes du monde.

Dans les soirées dansantes, les maîtres de maison doivent s'arranger de manière à ce que toutes les dames et demoiselles jeunes ou vieilles, laides ou jolies, soient invitées à danser.

Pour les autres règles de la danse, voir : *Bals et Théâtres*.

Lorsqu'on est interrogé sur les agréments d'une soirée à laquelle on a assisté, on doit trouver tout à son gré; c'est bien le moins que l'on puisse faire pour témoigner sa reconnaissance aux maîtres de la maison, qui se sont donné mille peines, et qui ont eu mille attentions pour leur monde.

§ 2. — Du Jeu.

On serait heureux de ne pouvoir donner ce nom qu'aux délassements et aux récréations dont l'usage est permis. Malheureusement l'amour du jeu devient trop souvent une passion effrénée et terrible ; et c'est ce résultat que l'éducation doit s'efforcer de prévenir. Le jeu ne doit jamais être une spéculation ; on ne doit le considérer que comme simple amusement et ne se s'y livrer qu'avec une honnête modération, un noble désintéressement.

Les parents doivent donc user de toutes les ressources que leur donne la tendresse pour leurs enfants pour les préserver de cette passion déplorable qui ruine et désole des familles entières, et anéantit le moral de l'homme.

Les principales causes de la passion du jeu sont : l'oisiveté, la liberté qu'on laisse aux jeunes gens de se choisir la société qui leur plaît, le trop d'argent qu'ils ont à leur disposition, la multiplicité des maisons de jeu, enfin l'avidité et l'ardeur des plaisirs.

Depuis longtemps, on gémit sur les malheurs qui sont la suite de la passion du jeu ; depuis longtemps, des familles entières tombent de l'opulence dans la misère par l'effet de cette fureur diabolique. Des jeunes gens, des pères de famille entraînés d'abord par la curiosité, séduits ensuite par l'appas du gain et l'espoir de satisfaire, avec de l'or, tous leurs autres plaisirs, irrités contre le sort qui ne les favorise pas à leur gré, emploient bientôt la finesse de l'art ; et, après avoir été dupes, ils deviennent presque toujours fripons, lorsqu'ils ont épuisé toutes leurs ressources, ruiné leurs parents et dépouillé leurs amis.

Le jeu est la honte des salons, l'immoralité du bon ton et de la civilisation. Que l'on gagne ou que l'on perde, le jeu n'en est pas moins la chose la plus abrutissante que je connaisse. C'est le triomphe des sots puisqu'il n'exige ni talent, ni esprit, ni lumières ; rien n'est mieux inventé que le jeu pour chasser d'un salon les gens de mérite et pour y attirer les imbéciles et les chevaliers d'industrie. Le jeu a fait disparaître du monde l'esprit de gaieté, l'enjouement et les grâces.

Les anciens, que nous admirons et vantons perpétuellement, tiraient meilleur parti que nous des plaisirs de la société. C'était dans son sein que le mérite et les talents se développaient et se faisaient connaître.

En parlant du jeu nous n'entendons pas atteindre ces jeux de famille, ces jeux innocents et tranquilles, dans lesquels l'adresse est toujours compagne de la bonne foi, dans lesquels la bourse la plus modeste peut fournir son enjeu, dans lesquels enfin la gloire du triomphe est le seul prix de la victoire.

C'est pour s'amuser que l'on joue: cette vérité doit écarter la joie excessive du gain et le plus léger chagrin de la perte : ainsi, soit que vous gagnez, soit que vous perdiez, votre figure doit rester impassible.

§ 3. — Jeux de cartes.

On ne prend place à une table de jeu que sur l'invitation qui vous est faite par le maître ou la maîtresse de la maison, et c'est à ces derniers de fixer le prix de l'enjeu.

Dans les soirées, les jeux de cartes les plus fréquents sont l'écarté, le whist, le piquet, etc. Il faut connaître la règle de ces jeux, ce qui n'exige pas d'y être fort; il en est de même des échecs, dames, domino et billard, de manière à pouvoir se rendre utile au cas où l'on aurait besoin d'un partenaire ou pour aider à juger un coup. Lorsque commence une partie de cartes il est de bon ton de saluer par un léger signe de tête les personnes avec qui l'on joue ; ce petit salut doit être rendu par tous les joueurs. La galanterie veut que les messieurs ramassent les cartes pour épargner cette peine à la dame qui doit faire. On ne doit pas causer à une table de jeu avec les personnes étrangères à la partie. Un joueur ne doit pas battre les cartes qui le sont déjà ; c'est une insulte faite à celui-ci. Il est de bon goût de ne pas tenir toute une soirée une place à la table de jeu, et surtout ne pas se retirer de suite après avoir gagné.

Un joueur qui gagne doit donner une revanche à son adversaire.

Si dans une soirée vous contractez une dette pour payer vos pertes, vous devez payer cette obligeance au plus tard dans les vingt-quatre heures qui suivent.

Une jeune dame peut accepter à jouer pour faire plaisir à la maîtresse de la maison ; mais une jeune fille doit s'abstenir de paraître dans la salle de jeu.

§ 4. — Des jeux de société.

Il est d'usage aujourd'hui dans beaucoup de salons, pour délasser de la danse et de la musique, de recourir aux jeux innocents. Les jeux doivent être réglés par la maîtresse de la maison à moins qu'elle n'en charge une de ses amies qui par sa grâce et sa finesse d'esprit les varie autant que possible.

Dès que l'on s'aperçoit que l'intérêt d'un jeu faiblit, c'est à elle d'en proposer un autre de manière à les empêcher de devenir banals et communs. On doit éviter dans ces jeux les pénitences ridicules qui porteraient à la familiarité. Lorsque dans une société une personne est apte à imposer une charade, on concourt à distraire l'assemblée en y apportant de l'entrain, de l'esprit.

CHAPITRE VIII

MAINTIEN, MANIÈRES, SALUTATIONS.

§ 1. — Du maintien.

Le maintien consiste dans l'ensemble des diverses attitudes que prend le corps ; d'après lui on juge d'une personne que l'on voit pour la première fois.

Dans le maintien tout ce qui est affectation est un défaut. La négligence, la nonchalance, prouvent ordinairement la paresse ou au moins l'oubli des convenances. La gravité, la raideur, annoncent la fatuité, l'orgueil.

Le maintien, sous le rapport de l'éducation sociale, est la contenance, l'air du visage, l'habitude du corps ; on dit dans ce sens avoir, conserver un maintien modeste, décent, recueilli. On dit d'une personne qui a l'air gauche et embarrassé, qu'elle n'a point de maintien.

Le caractère se reflète assez ordinairement dans le maintien. Une personne est-elle orgueilleuse et vaine, on la reconnaît à la raideur de son maintien ; est-elle nonchalante et paresseuse, son laisser-aller malpropre vous l'apprendra tout d'abord.

Un mauvais maintien donne donc lieu à des préventions défavorables, et l'on ne saurait s'appliquer trop tôt à se donner un maintien conforme aux convenances reçues.

La première chose à faire est de se corriger d'une foule de défauts nés de mauvaises habitudes contractées dans le premier âge, et dont, plus tard, il est quelquefois presque impossible de se corriger.

En général, il faut éviter la nonchalance, l'affectation.

Quand on est debout, il faut éviter de se tenir courbé, de pencher la tête d'une manière indolente ou affectée, de s'appuyer négligemment contre la muraille, contre les meubles, surtout contre le siége de quelqu'un ; de faire des contorsions, de porter tout son corps sur une jambe, etc.

Généralement, quand on est assis, on doit prendre la posture la plus modeste et la moins gênante pour ses voisins, ne pas s'asseoir de travers, ne pas accrocher l'un de ses bras au dossier de sa chaise, ne pas s'accouder sur une table ou sur les bras d'un fauteuil pour soutenir sa tête ; ne pas se jeter à la renverse sur le dos de son siége, ne pas s'y balancer, ne croiser ni les jambes ni les pieds ; enfin, éviter tout ce qui peut avoir quelque chose d'inconvenant.

Une jeune personne doit éviter d'affecter des airs de hauteur, de prendre une expression sentimentale ou mélancolique, ou d'avoir un sourire à poste fixe sur les lèvres, ou un sérieux et plein de dédain. Ces petites mines rendent presque toujours ridicule, et quelquefois détestable.

Il est très incivil de parler à une personne sans la regarder. En parlant, on aurait très mauvaise grâce de ne parler que fort bas, ou à tomber dans un excès contraire. Il faut parler de manière à se faire entendre de toutes les personnes présentes. Les inflexions de voix trop basses ou trop aiguës, perçantes, tranchantes, doivent être évitées avec soin.

Il faut, dans la conversation, être avare de gestes et tâcher au moins qu'ils soient toujours en harmonie avec les paroles.

Témoigner sa joie par des éclats de rire outrés ou par des battements de mains bruyants, serait manquer aux premières règles des convenances.

§ 2. — Infraction aux règles du maintien.

Il y a encore d'autres infractions aux règles du maintien ; voici les principales : tourner fréquemment la tête de côté et d'autre pendant la conversation, avancer les pieds sur les chenets, se regarder avec complaisance dans une glace, rajuster prétentieusement ses vêtements, avancer la main sur son interlocuteur, rouler les yeux, les lever au ciel avec affectation, battre la mesure avec les pieds et les mains, faire pirouetter une chaise, cligner des yeux, frapper du pied, toutes ces mauvaises habitudes fatiguent ceux qui en sont témoins et leur déplaisent souverainement.

La bienséance du maintien est surtout indispensable pour les dames. C'est au maintien que, dans une promenade, un repas, une réunion, un bal, on juge de leur mérite et de leur bonne éducation.

Combien sont haïssables ces femmes qui minaudent, jouent la grâce, penchent le cou avec afféterie et semblent désirer qu'on les admire!

Qui sera jamais tenté de lier conversation avec une dame immobile, raide et compassée, allongeant la figure et serrant les lèvres.

La femme aimable et de bonne société doit présenter un aspect affectueux, presque timide; avoir une grande sollicitude pour tous ceux qui sont autour d'elle. Sa physionomie doit respirer la bienveillance, la douceur, la satisfaction.

§ 3. — Des manières.

On donne le nom de *manières* aux façons d'agir et de parler qui constituent la véritable politesse ou la civilité. Toute personne bien élevée doit chercher à acquérir de bonnes manières. Les hommes, nés pour vivre ensemble, sont nés aussi pour se plaire mutuellement, et celui qui n'a que des manières impolies s'expose à être jugé défavorablement.

Réfléchissez sur l'impression que vous causent un air gauche, un langage confus, une tenue négligée, et comparez les avantages que donnent une figure prévenante, des gestes gracieux, un habillement décent, une voix harmonieuse et l'enjouement d'un maintien sans bouffonnerie.

Lorsque vous voyez un homme dont le premier abord vous frappe, vous prévient en sa faveur, et vous fait concevoir une bonne opinion de son mérite, sans que vous sachiez pourquoi, analysez cet abord et examinez en vous-même les différentes parties qui le composent. En général, vous trouverez que c'est le résultat de l'heureux assemblage d'une modestie aisée, d'un respect sans timidité, d'une aimable et naturelle attitude du corps, d'un air ouvert et d'une contenance gaie, mais sans indécence, enfin d'une manière de s'habiller qui annonce du goût, de l'attention, mais sans être affectée ni ridicule. Copiez-le donc, non d'une manière servile, mais faites comme les plus habiles peintres lorsqu'ils en copient d'autres, et dont les ouvrages alors même égalent, soit pour la beauté, soit par les traits hardis, les originaux qu'ils ont pris pour modèles.

Lorsque vous voyez qu'un homme est universellement reconnu pour agréable, bien élevé, aimable, en un mot pour un homme brillant, examinez-le, suivez-le avec soin, remarquez avec quelles manières il s'adresse à ses supérieurs, sur quel ton il converse avec ses égaux, et comment il traite ses inférieurs. Réfléchissez aux tournures variées que prend sa conversation avec les diverses positions où il se trouve, soit durant les visites du matin, soit à table ou enfin le soir au milieu de ses amusements particuliers. Imitez-le sans le contrefaire, et soyez son ombre et un autre lui-même sans être son singe. Vous trouverez qu'il a grand soin de ne rien dire, de ne rien faire que l'on puisse prendre pour une marque de mépris ou de négligence ; au contraire, vous apercevrez qu'il a soin que tout le monde soit content de lui. Il témoigne du respect, des égards, de l'estime et de l'attention précisément dans les occasions où toutes ces choses sont propres et essentielles ; il les sème avec soin et il en recueille les fruits les plus abondants. (CHESTERFIELD.)

§ 4. — Des salutations.

Il est aisé de reconnaître au salut, l'homme de bon ton et l'homme sans éducation.

On doit saluer les personnes que l'on connaît partout où on les rencontre. Il ne faut pas attendre pour saluer un inférieur qu'il vous ait salué. Tout supérieur qui a de nobles sentiments se fait remarquer par la manière obligeante avec laquelle il remplit ce devoir.

Quand vous rencontrez dans la rue un homme de votre connaissance, saluez-le le premier. Si c'est un de vos amis, un geste de main suffit.

Si l'on rencontre une dame seule, ou au bras de quelqu'un que l'on ne connaît pas, il est d'usage d'attendre qu'elle vous ait prévenu par un geste, un regard de la permission qu'elle vous donne de la saluer.

Une dame salue d'un signe de tête.

Ne pas rendre un salut à quelqu'un est la plus grande grossièreté que l'on puisse faire ; le rendre légèrement, avec un air de protection, sent la suffisance et la fatuité.

Les poignées de main lorsqu'on se rencontre témoignent d'une certaine intimité. Autrefois, cette marque de sympathie ne se donnait que d'homme à homme ; aujourd'hui les poignées de main sont d'usage entre hommes et dames, s'il existe entre eux quelqne intimité. Il arrive assez souvent qu'un supérieur vous donne ce témoignage d'estime, mais jamais un inférieur ne doit se permettre de présenter la main à un supérieur.

CHAPITRE IX

PROMENADES.

Par ce mot, nous comprenons toute action de se transporter d'un lieu dans un autre pour un objet quelconque, soit à pied, soit à cheval ou en voiture.

Il ne faut sortir que dans un costume propre et décent. Lorsqu'on est dans la rue, la démarche doit être régulière, c'est-à-dire ni trop lente, ni précipitée ; ne prenez pas une attitude majestueuse et imposante si vous ne voulez pas qu'on vous prenne pour un sot ; il est important d'éviter de se heurter ni de coudoyer personne. Une marche sautillante est l'indice de la légèreté et de la coquetterie.

§ 1. — Dans la rue.

Il faut éviter, en marchant, d'éclabousser personne, de toucher les passants avec les coudes, de regarder une femme sous le nez.

Une dame ne doit jamais relever sa robe plus haut que la cheville du pied, et avec la main droite.

Il est essentiel d'éviter ce balancement de corps qui donne un certain air hébété, de même ces mouvements brusques et saccadés qui contrastent, chez les hommes avec le calme, et chez les femmes avec la douceur qui lui est naturelle.

Il n'y a que les fous qui gesticulent ou déclament dans la rue.

La droite est ordinairement la place d'honneur.

Lorsqu'un homme sort avec une dame, il est d'usage de lui offrir le bras gauche ; on conçoit qu'une femme marche plus aisément quand elle donne le bras droit à son cavalier que lorsqu'elle lui donne le bras gauche. Il n'est permis qu'aux soldats de donner le bras droit.

Si les promeneurs sont moins nombreux que les promeneuses, il est bienséant d'offrir le bras plutôt aux dames qu'aux demoiselles. Si un monsieur est accompagné de deux dames, il doit donner le bras à chacune d'elles ; mais dans ce cas l'une d'elles peut refuser.

Si vous donnez le bras à une dame dans la rue, elle doit tenir le haut du pavé, c'est-à-dire le côté des maisons. Si par hasard vous êtes obligé de traverser un ruisseau, vous devez la devancer un instant, et offrir ensuite la main à votre dame pour l'aider à le franchir. Cette marque de déférence est également due à ceux qui ont droit à notre respect.

Si un homme est seul et qu'il voie venir sur le trottoir où il est, soit une personne chargée d'un lourd fardeau, soit une dame, soit un vieillard, il doit s'empresser de lui céder le haut du pavé, c'est-à-dire le côté des maisons.

S'il arrive de porter un parapluie, on doit, lorsqu'il est ouvert, le tenir de manière à voir devant soi, afin de ne pas heurter les personnes qu'on est susceptible de rencontrer. En cas de grande averse, un homme peut offrir à une dame de partager son parapluie; mais, dans aucun cas, une dame ne peut faire une pareille offre à un homme, et encore moins lui demander un abri sous son parapluie.

Si vous rencontrez un ami dans la rue, vous devez le saluer et remettre votre chapeau sur la tête, même en vous arrêtant à causer avec lui ; si c'est un supérieur ou une dame, vous devez, lorsque vous vous arrêtez, conserver votre chapeau à la main, jusqu'à ce qu'on vous ait prié de vous couvrir.

Lorsqu'une jeune personne sort avec sa mère, ou quelque parent qui a droit à ses égards, elle doit autant que possible lui ménager la droite, régler son pas avec le sien, et lui offrir son bras si elle a lieu de le croire utile ou agréable.

Dans une promenade publique, vous devez vous entretenir de choses indifférentes afin que votre conversation ne soit pas mal interprétée par les personnes qui pourraient vous entendre.

On ne doit jamais devancer la personne que l'on accompagne ; si elle s'arrête, il faut l'imiter.

Quand on va dans une maison où il y a des enfants, il est admis qu'on les embrasse.

Quand on se trouve auprès de personnes qu'on doit respecter, il faut s'effacer poliment le long du mur afin de faciliter leur passage.

Il y a des gens mal élevés qui se permettent de manger dans les rues et dans les promenades ; c'est un signe de gourmandise du plus mauvais ton. On ne tolère cela que dans les jeunes enfants qui n'ont pas encore l'âge de raison.

§ 2. — Rencontres, saluts.

Les femmes doivent éviter de regarder en face les personnes, particulièrement les hommes, qui passent à côté d'elles ; ce serait une marque incivile d'effronterie.

On porterait également un jugement très fâcheux des jeunes personnes qui passant près d'un homme se tourneraient l'une vers l'autre, avec un air mystérieux, de manière à faire croire qu'elles se communiquent des réflexions relativement à cet homme.

Une femme, bien moins encore une jeune personne, ne doit s'arrêter la première avec un homme, à moins qu'il ne soit âgé, et qu'il règne entre eux une grande intimité; ou bien encore dans le cas où cette dame aurait à s'adresser à un personnage d'une supériorité bien marquée, elle doit prier la personne d'excuser la liberté qu'elle prend.

Si l'on vous prie d'indiquer une rue, ou de donner tout autre renseignement, rendez ce bon office avec empressement, si cela vous est possible, et quelle que soit la condition de la personne qui s'adresse à vous. Un air de dédain ou de hauteur, en pareille circonstance, donnerait une triste idée de vos sentiments.

Si vous vous trouviez dans le cas de réclamer le même service, faites-le avec la plus grande politesse, et ne manquez pas de remercier avec gratitude la personne qui vous l'aura rendu.

Si vous rencontrez quelqu'un avec qui vous

ne soyez pas très familier, vous devez vous abstenir de lui demander où il va, d'où il vient ; toute question qui peut avoir un air d'insdiscrétion, de curiosité, est à éviter avec soin.

§ 3. — Promenade en voiture.

Dans les promenades en voiture il est convenable que la place du fond soit offerte aux dames et aux vieillards. Quand vous montez en voiture, il est de la politesse de faire monter les autres personnes avant vous. Si ce sont des dames, offrez-leur votre main pour les aider à monter ; si ce sont des vieillards, soutenez-les par les bras.

Reconduisez jusqu'à leur porte les personnes de considération auxquelles vous avez offert une place dans votre voiture.

§ 4. — Promenade à cheval.

Dans une promenade à cheval en compagnie d'une personne distinguée ou qui est votre supérieur, vous devez vous tenir à sa gauche en ayant soin de ne pas le dépasser ; si c'est un ami, vous marchez côte à côte avec lui.

CHAPITRE X

BALS ET THÉATRE.

§ 1. — Des bals.

Dans beaucoup de maisons on donne tantôt des petites soirées dansantes, d'autres fois des grands bals.

La danse au piano, à laquelle on joint parfois un violon d'amateur, est une musique fort agréable dans les soirées dansantes.

La simplicité, l'enjouement, une sorte de gaicté presque familière règnent dans ces soirées et leur prêtent beaucoup d'agrément. Ainsi les personnes entre deux âges, qui n'osent plus danser dans les grands bals, n'ont aucun scrupule de se mêler aux contredanses de ces gentilles soirées.

On peut, dans la belle saison, établir dans les jardins ces petites soirées champêtres aussi simples que charmantes.

Dans ces soirées les dames adoptent ordinairement une mise gracieuse. Un costume ordinaire de ville, une grande toilette de bal, seraient également déplacés.

Il est d'usage, lorsque l'on donne une grande soirée dansante, d'envoyer des invitations au moins huit jours d'avance.

Les convenances à observer pour le refus ou l'acceptation d'un bal sont les mêmes que pour un repas.

Une grande soirée est une véritable fête. Les chefs de la maison devront prendre tous les soins pour que le confortable, l'élégant et le gracieux ne laissent rien à désirer.

§ 2. — De la toilette et de ses règles.

La toilette de tous les invités doit être fort soignée, mais principalement celle des dames.

Les jeunes danseuses se coiffent en cheveux, se parent avec des fleurs, portent à la main un bouquet. Les jeunes dames seules portent des couleurs tendres.

C'est au bal surtout qu'il faut se défendre de la ridicule ambition d'être la plus belle.

Une jeune dame ne peut aller au bal sans son mari, ou, en l'absence de celui-ci, sans une amie et le mari de cette amie.

Une demoiselle doit aller au bal avec sa mère, ou, à défaut de celle-ci, avec une dame qui serve de guide. Quoiqu'une jeune personne puisse très bien être accompagnée de son père, il faut infiniment mieux qu'elle soit sous la tutelle d'une dame qui ne la quitte pas.

Il est inconvenant d'aller au bal si l'on est en grand deuil; cependant on peut paraître dans le monde en deuil d'une cousine, à la moitié du deuil d'un oncle et même à la fin d'un deuil plus grave.

Quitter le deuil pour un bal et le reprendre le lendemain est une inconvenance qu'il faut se garder d'imiter.

§ 3. — Des invitations à la danse.

Les danseurs, lorsqu'ils sont au bal, doivent s'approcher d'une dame et lui demander, en s'inclinant, quelle contredanse elle veut bien avoir l'honneur de leur promettre. La dame indique celle dont elle peut disposer et l'inscrit sur son carnet.

Une dame sait qu'elle ne peut refuser de danser avec aucun des messieurs qui l'invitent, à moins qu'elle ne soit engagée précédemment.

Les dames très recherchées sont dès le commencement du bal invitées pour toute la nuit; leur carnet contient, en peu d'instants, une grande quantité de promesses; il ne faut pas cependant qu'elles s'engagent au delà de ce qu'elles peuvent tenir. C'est aux mères à y veiller, et aux jeunes personnes à consulter leur guide à cet égard.

Ce serait manquer de tact et de délicatesse que de montrer son carnet couvert de noms aux dames peu invitées, à celles que leur âge oblige à ne guère danser. Cette faveur demande une gracieuse modestie, et une jeune personne bien élevée n'y fera jamais défaut.

Le bal a pour quelques jeunes personnes des moments d'amertume : n'est-ce pas pour elles une intolérable torture que de rester seules, quand, au premier signal de l'orchestre, toutes les danseuses partent joyeusement? Ce tourment doit être supporté avec calme et sans laisser échapper aucune manifestation. C'est à la maîtresse de la maison à prévenir cette épreuve, et aux danseuses favorisées à protéger secrètement les dames délaissées et à leur envoyer, sans jamais se lasser, des danseurs de leur connaissance.

§ 4. — Du maintien et des manières.

Ce que dans un bal on ne doit pas perdre de vue, c'est d'avoir une physionomie bienveillante, une tenue modeste, une danse gracieuse et contenue ; sauter, gambader, affecter des airs prétentieux, c'est se rendre pour les uns un objet de raillerie, et pour les autres un sujet de pitié et de dédain.

Il est déplacé de danser beaucoup avec le même danseur ; néanmoins on peut accepter deux ou trois fois l'invitation du même monsieur, surtout s'il est de connaissance, et si la danse est différente.

Un homme ne doit pas affecter de danser plusieurs fois de suite avec la même dame, dans aucun cas se permettre un ton de familiarité avec sa danseuse, fût-elle sa sœur.

Les dames ne peuvent rien prendre au buffet sans qu'un monsieur ne leur offre le bras, et ne les fasse servir. Elles peuvent, toutefois, se promener entre elles dans la salle de danse, aller causer quelques instants avec les personnes de leur connaissance.

Quand la danse est finie, reconduisez votre danseuse à sa place ; remerciez-la, mais ne vous arrêtez pas auprès d'elle pour faire la conversation. Une demoiselle ainsi reconduite à sa place doit remercier son danseur par une révérence et s'abstenir de lui rien demander qui le force de rester auprès d'elle ou à y revenir.

Une demoiselle ne doit jamais regarder effrontément son cavalier en dansant ; s'il lui adresse la parole, elle doit répondre avec grâce et honnêtement; sa danse doit être simple et modérée.

Une dame, ou une demoiselle, ne peut refuser aucun homme qui l'invite à danser, quel qu'il soit, à moins qu'elle n'ait été retenue par un autre qu'elle doit nommer et indiquer. Si elle refuse sans être retenue, elle ne doit plus danser de la soirée.

Elle doit déclarer qu'elle est retenue pour une, deux, ou même trois contredanses, mais jamais plus par la raison qu'elle ne doit pas en promettre davantage; elle doit se rappeler dans quel ordre elle a accepté les invitations afin d'éviter toute discussion entre les danseurs. Elle ne doit témoigner aucune préférence pour tel ou tel danseur.

Une jeune personne ne doit se présenter dans une soirée qu'accompagnée de qulqu'un de ses parents ou d'une autre personne qui puisse en tenir lieu.

N'attendez pas, pour inviter votre danseuse, que l'orchestre ait commencé à jouer.

Si une dame vous refuse, n'évitez pas celle qui est à côté.

Si la maîtresse de la maison danse, et qu'elle ait des demoiselles, des nièces et des cousines, c'est par la maîtresse que doivent commencer vos invitations, puis sa famille et enfin vos connaissances.

On offre le bras et non la main à sa danseuse pour la conduire au quadrille et la ramener à sa place.

Les bonnes manières exigeant que l'on soit toujours ganté, les danseurs et surtout les danseuses acceptent toutes choses sans ôter leurs gants; cependant si les objets sont susceptibles de salir la main gantée, il est permis de se déganter.

C'est une erreur de croire qu'un monsieur soit obligé d'inviter toutes les danseuses. La maîtresse de maison d'abord, ses sœurs ses parentes, les dames auxquelles il a des obligations; les sœurs de ses amis, de ses confrères: voilà l'ordre des invitations d'un homme qui sait vivre dans le monde.

Un des premiers soins qui doit occuper le danseur est de chercher un vis-à-vis. Le vis-à-vis assuré, il va chercher sa danseuse, s'incline et lui présente le bras, si la place du quadrille est un peu éloignée.

S'il est inconvenant de parler continuellement à l'oreille de sa danseuse, il serait gauche et malhonnête de ne pas lui adresser de temps à autre quelques mots.

Les danseurs de bon ton ne quittent pas leurs gants, ne se permettent pas de serrer la main de leur danseuse, de la presser contre eux au galop et spécialement à la valse. La contredanse terminée, ils offrent le bras à leur danseuse, la reconduisent à sa place, et, s'inclinant profondément, ils la remercient de l'honneur qu'elle a bien voulu leur faire.

5. — Du théâtre.

Les théâtres, par l'influence qu'ils exercent sur les mœurs, peuvent servir efficacement à former le goût, à adoucir la rudesse des mœurs, à affaiblir les préjugés, à ridiculiser les travers, à faire haïr le vice, à exciter la sensibilité de l'âme, et à réveiller les plus nobles sentiments du cœur.

C'est sur le théâtre surtout que la vertu nous touche, que les belles actions nous enflamment, et que les actes de courage et de dévouement à la patrie nous transportent d'admiration. Tout y est animé, tout contribue à l'illusion, et à rendre les impressions vives et fortes.

Mais il faudrait que les pièces de théâtre fussent soumises au sévère examen d'hommes d'une moralité reconnue, Il faudrait favoriser les sujets nationaux, la peinture des mœurs, et ne jamais admettre de ces pièces qui blessent la décence ou qui seraient capables de corrompre les principes d'honneur et de délicatesse des jeunes gens.

Au théâtre comme dans les soirées, les bals, etc., il existe des règles de bienséance qu'il faut scrupuleusement observer. Là, comme partout, la prévenance, la galanterie sont exigées de la part d'un homme bien élevé.

Avant tout on doit certains égards aux personnes qu'on y rencontre. Il serait malhonnête de froisser continuellement et d'une manière importune ceux auprès desquels on se trouve placé, de marcher sur la robe d'une dame.

§ 6. — A l'arrivée.

Si l'on va en compagnie au spectacle, l'un des messieurs doit prendre les billets au bureau, éviter aux dames l'embarras de changer leurs cartes d'entrée, et, quand la loge est ouverte, les faire placer sur le premier rang, à raison de l'âge et de la considération. Un homme ne doit jamais souffrir qu'une dame, fût-elle étrangère, soit placée derrière lui dans la même loge. Les jeunes gens occuperont les siéges de derrière, éviteront de trop se pencher pour ne pas incommoder les personnes placées devant eux.

Un cavalier galant, et qui comprend l'usage du monde, doit savoir qu'il doit payer les places et veiller à ce que les dames soient débarrassées, par l'ouvreuse de loges, des manteaux, châles, chapeaux, qu'elles ne doivent pas garder pendant le spectacle.

Si les dames viennent à entrer dans une loge dont un monsieur occupe le devant, la bienséance exige qu'il offre sa place à l'une d'elles, quand même elle lui serait étrangère, et qu'il insiste même après un refus.

§ 7. — A la représentation.

Il est convenable de garder un profond silence et une grande réserve quand les acteurs sont en scène, afin de ne point troubler l'attention des spectateurs. Il est permis cependant de communiquer à son voisin quelque observation suggérée par la pièce ou par le jeu des artistes qui l'interprètent. Il n'appartient qu'aux balourds ou aux rustres de siffler ou d'applaudir en frappant des pieds.

Les applaudissements demandent une certaine retenue. Les dames n'applaudissent en quelque sorte que pour la forme.

Généralement on se rend au spectacle muni d'une lorgnette; mais, bien que l'usage permette de se servir de cet instrument, il est toujours mieux de lorgner le moins possible les gens de la salle, et de ne braquer sa lunette que sur la scène.

Si vous ouvrez une orange ou prenez quelques bonbons, offrez-en aux personnes placées dans votre loge, alors même que vous ne les connaîtriez pas.

D'ailleurs, offrir aux dames des rafraîchissements, des oranges, le programme imprimé, les conduire au foyer pendant les entr'actes et, à la fin du spectacle, leur faire retrouver les vêtements confiés à l'ouvreuse : telle est la mission de l'homme bienséant.

Quelques spectateurs, les dames surtout, doués d'une grande sensibilité d'âme, ne peuvent retenir des larmes d'attendrissement. Les personnes n'ayant pas la même sensibilité ne doivent jamais tourner en dérision celles qui se laissent plus facilement émouvoir.

CHAPITRE XI

CORRESPONDANCE.

On entend par *correspondance épistolaire* l'ensemble des lettres que l'on écrit et que l'on reçoit.

La correspondance nous permet d'exprimer par écrit les sentiments que la séparation nous empêche d'exprimer de vive voix. Une lettre confidente de l'une et de ses sentiments les plus intimes adoucit les amertumes du cœur, rapproche les absents et console ceux qui souffrent. Il n'y a point d'affaires, point de sentiment qui ne puissent fournir la nature d'une lettre. L'art de la correspondance devrait entrer dans l'éducation, dans toutes les classes de la société;

cependant cet enseignement, que nul ne devrait ignorer, est négligé dans presque toutes les écoles.

§ 1. — Des lettres.

Le style des lettres doit reproduire la marche régulière de la conversation; il doit être clair et simple, concis.

Une des principales règles de l'art épistolaire est de distinguer les personnes à qui l'on écrit et les sentiments qui nous lient à elles. On doit distinguer : 1° l'âge; 2° les égards dus aux femmes et aux vieillards; 3° les sentiments dont sont affectées les personnes à qui l'on s'adresse : on ne doit pas entretenir de ses plaisirs une personne dans la souffrance; vanter la jouissance, le luxe, devant celui qui gémit d'en être privé; raconter les prodiges de votre mémoire à quelqu'un qui n'apprend qu'avec peine

Lorsqu'un homme écrit à une femme, même d'un rang inférieur au sien, il doit toujours le faire dans une forme respectueuse.

Quelle que soit la personne à qui l'on s'adresse,

il ne faut pas exprimer un sentiment qu'on n'a pas.

Il est prudent de ne jamais parler mal de personne, car, une fois une lettre envoyée, on n'est pas maître de réparer le tort : ce qui est écrit est écrit.

S'il arrive d'écrire sous un sentiment de colère, il est sage d'attendre au lendemain pour finir sa lettre. Par ce moyen prudent, on peut conserver des amis qu'un empressement quelquefois injuste vous aurait aliénés sans retour.

Des enfants séparés de leur famille doivent, quel que soit leur âge, écrire à leurs parents et grands-parents aux époques du renouvellement de l'année et de leurs fêtes. Une lettre est la plus douce consolation pour l'enfant lorsque, éloigné de sa famille, il ne peut lui exprimer de vive voix les sentiments que son âme lui inspire et les témoignages d'attachement que lui dicte son cœur.

Les lettres écrites à un père, à une mère, à un instituteur, à une institutrice, doivent conserver le caractère d'une affection respectueuse, d'une tendre et obéissante confiance.

Quand une jeune personne écrit à des compagnes, à des amies de pension, elle pourra, si les circonstances le permettent, prendre un ton amical et enjoué, se livrer, avec confiance, aux épanchements de l'amitié; mais on ne doit pas trouver dans sa lettre ce sentiment de déférence qui doit se faire sentir dans les lettres adressées à des supérieurs.

Une jeune personne ne doit jamais écrire ni recevoir des lettres sans y avoir été autorisée par ses parents ou par son institutrice, si elle est encore dans un pensionnat. La faute la plus grande pour une jeune fille serait de cacher quelque chose à ses parents ou aux personnes chargées de son éducation.

Quand une personne se charge d'une lettre pour quelqu'un, il faut la lui donner sans la cacheter; mais cette personne doit la cacheter sous les yeux de celui qui la lui remet. Il en est de même d'une lettre de recommandation; en ce cas, celui qui l'a écrite la lit à la personne qu'il recommande, ou la lui donne simplement fermée, et celui-ci a le droit de la lire.

§ 2. — Du cachet des lettres.

Violer le secret d'une lettre en la décachetant est une véritable infamie. On ne doit jamais lire une lettre qu'on trouverait ouverte.

Une convenance dont un homme ne doit jamais s'écarter, c'est de ne rendre publique aucune des lettres qui lui sont adressées, sans le consentement de la personne qui les a écrites ; cette règle doit surtout recevoir son application lorsque les lettres contiennent un secret, une confidence, un renseignement dont la divulgation peut nuire ou causer un désagrément à celui qui les a transmis.

§ 3. — Du cérémonial des lettres.

On appelle cérémonial des lettres, certaines formalités que l'usage a établies. Nos pères attachaient une grande importance à ce cérémonial; heureusement il se simplifie de jour en jour.

Les lettres de bonne année s'écrivent ordinairement à l'avance, de manière à parvenir la veille ou le jour même. Cette mesure est de rigueur pour des parents; pour des amis et des connaissances intimes, on a la semaine qui suit; pour toute autre personne le mois entier.

On doit toujours choisir du beau papier et laisser deux feuillets.

§ 4. — De la date, de la marge.

La date se place ordinairement en haut et à droite de la première page; mais quand on veut témoigner à quelqu'un du respect ou simplement de la politesse, ou lorsqu'on écrit à une personne d'un rang supérieur ou à un protecteur, il faut toujours mettre la date au bas de la lettre et à gauche.

Les lettres doivent être écrites avec le plus de propreté possible; on conçoit combien il serait impoli d'envoyer une lettre pleine de ratures, de renvois et d'intercalations. Il vaut mieux en recommencer une autre.

Il était d'usage autrefois de laisser à gauche une marge de deux doigts ; aujourd'hui on n'y prend plus garde : c'est une vétille de moins.

Une lettre ne doit finir sur la première page qu'à la condition d'être assez vaste pour qu'il reste un certain blanc au bas de la page.

Toute lettre mérite réponse, c'est un des proverbes de la civilité française. Il n'est rien, en effet, de plus incivil, de plus impoli, de plus injurieux, que de garder le silence sur une lettre qui vous a été adressée.

FIN.

TABLE DES MATIÈRES

PREMIÈRE PARTIE

DE LA FAMILLE CHEZ SOI

DEUXIÈME PARTIE

DES DEVOIRS EN GÉNÉRAL

TROISIÈME PARTIE

ACTES ET CÉRÉMONIAL DE L'ÉTAT CIVIL

QUATRIÈME PARTIE

USAGES DU MONDE

FIN DE LA TABLE

6437-78 — CORBEIL. Typ. et stér. CRÉTÉ.

www.ingramcontent.com/pod-product-compliance
Ingram Content Group UK Ltd.
Pitfield, Milton Keynes, MK11 3LW, UK
UKHW012211240726
13966UKWH00002B/700

9 782012 870055